한조도담 2

석문도담

한조도담 2

桓祖道談 2

천지인 섭리·율법·법도의 시대를 열다

한조 지음 | 석문도문 엮음

석문출판사

서문

『석문도담石門道談』은 지상 하나님께서 후천완성도법後天完成道法인 석문도법石門道法을 지상에 내려 후천後天 완성完成을 이루고 추수秋收하여 결結 지으시기 위해 석문도문石門道門의 제자들에게 일상 속에서 전하신 섭리攝理의 말씀이다.

석문도문은 후천 제1조화주기를 마감 짓는 2012년에 즈음하여 보다 많은 지상의 존재들이 더욱더 깊이 있게 지상 하나님의 말씀을 접할 수 있도록 『석문도담石門道談-한조한당도담桓祖憪堂道談』을 발간하였다. 후천 제1조화주기 전반에 남기신 말씀을 엮은 『석문도담-한조한당도담』의 경우, 완성도법인 석문도법의 실수행적實修行的 방법론이라 할 수 있는 석문호흡법石門呼吸法에 비중을 두시고 대우주 삼라만상大宇宙森羅萬象의 여러 대소사를 논하셨다. 자신의 근본자리를 찾아 도道를 구하는 과정과 절차를 통해 인간이 신神이 될 수 있음을 밝히시어 인류의 영원한 질문이었던 '우리는 어디에서 왔고 무엇을 해야 하며 어디로 가게 되는가?'에 대한 답을 주신 것이다. 그러한 답을 통해 이 무량한 시공간을 창조하신 하나님께서 조화와 완성을 통한 추수의 뜻을 가지시고 이 지상에 내려오셨음을 드러내셨고, 그와 함께 하늘의 신神들이 하나님을 보좌하기 위하여 내려왔다는 사실 또한 밝히셨다.

그러나 『석문도담-한조한당도담』에는 하늘의 모습 전체를 드러내지 않으셨고, 핵심적인 세부 모습도 일정 이상 말씀하지는 않으셨다. 또한 석문호흡법을 중심에 두고 천상과 지상의 일을 논하셨지만, 비인부전非人不傳의 전제 하에 수련법의 세세한 과정과 절차는 표현하지 않으셨다. 모든 것은 때[時運]가 있기 때문이었다.

석문도법의 토대를 세우는 후천 제1조화주기에 세상 사람들의 의식·인식·습관은 그러한 하늘의 뜻을 온전하고 완전하게 체득·체험·체감하기에는 보편적 한계가 있었다. 그와 같은 후천의 과도기적 흐름과 형국에 대한 안배按排로써 도道의 많은 부분들을 금제·

봉인·결계로 묶어두듯 드러내지 않으셨고, 필요한 일부분만 윤곽을 드러내시어 후천 제2조화주기를 준비하고 대비하신 것이다.

후천 제2조화주기에 이르러 지상에 본격적으로 신神의 세계를 여시는 가운데 제자들에게 전하신 섭리의 말씀을 엮은 본서, 『석문도담石門道談-한조도담桓祖道談』에서는 하나님께서 '태공太空'이라 부르시는 이 무량한 시공간의 전체 모습과 구조를 구체적이고 실질적으로 밝히신 가운데 도道의 길을 말씀하신다. 그에 맞춰 석문도법에 의한 석문공부石門工夫 중 지금까지 공개적으로 전하지 않았던 양신 수련에 관한 세부적 이치와 원리를 밝히시고, 지상에 내려왔지만 지금까지 드러나지 않았던 천상 최고신最高神들의 존재와 석문도법을 통해 지상에 이루어질 하나님 나라의 모습을 지상 현실의 역사役事를 중심으로 밝히신다.

즉 후천 제2조화주기를 여는 『석문도담-한조도담』의 경우, 하나님께서 태공이라 부르시는 이 무량한 시공간과 태공의 학교인 지구를 어떤 목적과 목표, 방향성을 부여하시어 창조하셨고, 그에 따라 지금 지상에 내려오시어 어떻게 후천을 완성하고 추수하여 결結 지으시는지, 그 흐름과 형국을 지상 현실에서 진행되고 있는 사실에 비추어 말씀해 주신 것이다.

특히 후천 제2조화주기의 흐름과 형국에 맞추어 하나님을 보좌하기 위해 지상에 내려온 최고신最高神들을 비롯하여 여러 신神들의 실질적 모습과 그 존재들이 자신의 자리를 찾아가도록 하기 위해 수련修練, 도무道務, 일상생활日常生活의 과정 속에서 언급해 주셨던 공부의 말씀을 가감 없이 수록함으로써 지상에 내려온 하늘의 존재, 하늘의 모습과 구조 그리고 앞으로 내리게 될 천상 문화와 문명에 의한 지상의 변화가 우리들 눈앞의 일상에서 어떻게 펼쳐지고 있는지 직접 밝혀 주셨다는 점에서 큰 의의가 있는 것이다.

이미 석문도법서石門道法書와 석문사상서石門思想書를 통해 인간이 신神이 되는 석문공부의 핵심과 하늘의 모습과 구조 그리고 천상세계가 지상에 내려오는 후천 완성의 흐름과 형국을 천지인조화역사天地人造化役事라는 거시적 관점으로 알리셨다. 『석문도담-한조도담』은 그러한 하늘의 뜻이 석문공부를 통해 어떻게 생명력을 가지고 실질적으로 역사되어 한 존재와 세상을 변화시키고 있는지, 지금 이 순간 석문도인 石門道人에 의해 증거·증명·검증되고 있는 석문도문의 일상적 역사를 중심에 두고 그 과정과 절차를 풀어 주신 말씀인 것이다.

석문도법서와 석문사상서를 통해 도道의 거대한 중심과 테두리를 밝히시고, 『석문도담-한조도담』을 통해서는 상대적으로 작고 소소해 보이는 일상의 역사 속에서 하늘이 지상에 내려오는 모습을 표현하셨음은 이제 우리의 작고 소소한 일상에까지 거시적인 천상 문화와 문명의 빛과 힘, 가치가 녹아들어 고래古來로 내려온 말 그대로, 하늘에서 이루어진 것처럼 땅에서도 이루어지는 역사 천지인 합일 天地人合一를 목도하는 시대가 그리 멀지 않았음을 뜻하는 것이리라.

이렇게 석문도법의 석문공부를 통해 많은 존재들이 천상에 승천昇天하고 그에 따라 천상 문화와 문명이 지상에 내려오기 시작한 모습을 담은 『석문도담-한조도담』의 말씀을 감히 외람되게 한 문장으로 정리한다면 다음과 같이 말할 수도 있을 것이다.

"『석문도담-한조도담』은 천지인天地人 섭리攝理·율법律法·법도法道가 지상에 적용·실행·구현되어 마침내 천상의 세계가 지상에 이루어지는 광대하고 장대하고 장엄한 역사의 흐름과 형국을 설명해 주신 하나님의 말씀이다."

결국 『석문도담-한조도담』의 출간은 천지인 섭리·율법·법도에 입각하여 그에 합당한 천상 문화와 문명이 본격적으로 지상에 내려오기 시작했음을 알리는 효시嚆矢와 같다고 할 수 있다.

'도道가 한 치 자라면, 마魔가 한 자 자란다'는 선가仙家의 옛말이 있다. 후천 제1조화주기를 돌이켜 보면 석문도문은 하늘이 내린 축복과 복됨의 충만함과 고요함이 깊어갈수록 적지 않은 고난과 역경을 함께 겪는 가운데 상승·확장·발전하였다. 그것은 자연스러운 과정이고 절차였다. '지구가 태공의 학교'라는 섭리적 진리가 말해 주듯, 후천의 조화와 완성을 열어 가기 위한 도道의 여정에는 수없이 많은 지상의 가변적 다양성을 자양분으로 삼아야 했기 때문이다.

비할 데 없는 금과옥조金科玉條의 말씀이 세상에 전해지는 역사는 천상과 지상에 한 차원 더 높은 조화와 완성의 길을 여는 축복과 복됨이지만, 그것은 또 다른 정련精練과 담금의 환경과 여건을 낳을 수도 있다. 축복과 복됨 그리고 정련과 담금이라는 정正과 반反의 두 장場을 조화와 완성의 통합적統合的 장場이 될 수 있도록 하는 혜명慧命은 결국 신성적神性的 의식·인식·습관을 통해 섭리행攝理行을 이루어 가는 '진법체득眞法體得'의 빛과 힘, 가치에서 나온다.

도道를 전하시던 초기부터 말씀하셨듯이, 말씀이 말씀으로만 머무르지 않고 생명력 넘치는 도道의 이정표가 되기 위해서는 반드시 그 말씀을 자신의 온 정기신精氣神으로 체득·체험·체감할 수 있도록 하는 섭리행이 필요하다.

그러한 체득·체험·체감의 섭리행을 통해 하늘사람이 되는 삶을 『석문도담-한조도담』에 담긴 말씀의 뜻으로 표현하면, 천지인 섭리·율법·법도에 입각하여 그에 합당하게 살아가는 삶이 곧 진리의 아름다움과 진리의 사랑스러움에 하나 되는 삶이며, 그러한 삶이 곧 진리의 향기를 나투고 밝히고 나누어 진리의 발자취를 남기며 살아가는 도인道人의 길이라 할 수 있다. 모든 존재의 궁극적 소명召命이자 사명使命인 섭리와 하나 되어 살아갈 수 있는 삶이 바로 지금 이 시대, 누구에게나 열려 있는 것이다.

천지인 섭리·율법·법도를 온전하고 완전하게 알고자 한다면 후천 선각도문先覺道門이자 선구도문先驅道門이며 선지도문先知道門인 석문도문石門道門을 찾아 석문도법으로 신神이 되어야 한다. 석문도법의 석문사상, 석문도담, 석문호흡으로 자신의 존재성과 존재가치를 알아 지행합일知行合一·언행일치言行一致·표리일치表裏一致·내외일치內外一致하여 섭리에 순종·순응·순리하고자 하는 모든 분들에게 도연道緣이 이어져 도문道門에 입문入門하기를 기원한다.

한기 28년 5월 14일

태양력 2016년 6월 18일

석문도문

차례

서문 • 4

한조님말씀 25
천상가족과 백두가 • 16
천지가교원의 의미와 역할 • 26

한조님말씀 26
천지가교원 구성원이 되는 기준과 원칙 • 32

한조님말씀 27
한기 27년 석문도문 도무기조, 본립이도생 • 40

한조님말씀 28
광도·밀도·순도 유지·관리·발전의 중요성 • 62

한조님말씀 29
한기 27년, 석문인의 공부를 위한 조언 • 74

한조님말씀 30
점검에 대한 점검자와 수련자의 마음과 마음가짐 • 90

한조님말씀 31
근본 존재성의 차이에 따른 공부과정과 절차 • 100

한조님말씀 32
　하나님께서 출현하시는 시기의 천지인조화역사 • 136

한조님말씀 33
　양신 수련 시 몰입에 관한 세부 사항 • 156

한조님말씀 34
　도계 공부의 이치와 원리 • 168

한조님말씀 35
　수련일지의 중요성 • 180

한조님말씀 36
　석문도문의 내실충만과 외연확장 • 188

한조님말씀 37
　실질적인 후천을 열기 위한 여섯 가지 숙제 • 194

한조님말씀 38
　태공의 보호 및 회복체계 • 204
　학교에 비유해 살펴본 석문인의 소임과 역할 • 209

한조님말씀 39
　강의, 강론, 다담 시 석문인이 갖추어야 할 자세 • 222

한조님말씀 40
　믿음의 기본체계에 따른 공부의 이치와 원리 • 234

일러두기

『석문도담-한조도담2』는 한기 26년 7월 25일(2014. 8. 20)에서 한기 27년 4월 17일(2015. 6. 3) 사이에 한조님께서 주신 말씀을 시간순으로 정리하여 수록하였다.

한조님말씀 25

桓紀 26年 7月 25日
(2014. 8. 20)

천상가족과 백두가

¹ 태공은 하나님의 가정이자 하나님의 집안이며 태공 안의 모든 존재들은 하나님의 가족이자 구성원입니다. 태공 내의 모든 존재들은 하나님의 무한한 사랑과 권능이라는 빛과 힘, 가치 안에서 창조되었기 때문입니다.

² 완성도법完成道法이 내려와 후천後天이 열리고 지상의 존재들도 이제 자기믿음과 의지, 정성과 노력으로 그러한 사실을 체득하고 깨우쳐 인식하기에 지상에서의 가족 개념이 변화하게 됩니다. 일상에서 말하는 보편적인 가족 개념도 점차 변화하게 되며, 현재 석문도문石門道門이 태공의 관점에서 이야기하는 가족 개념도 상승·확장·발전하게 됩니다. 즉 석문도문의 가족 개념은 천상가족, 도인가족, 도道의 가족으로 구분되어 있지만 이 또한 상승·확장·발전하게 됩니다. 천지인조화역사가 크고 깊게 이루어질수록 천상가족의 개념이 신神뿐만 아니라 지구인과 행성인行星人 모두에게 적용되어 본래 하나의 가족 개념으로 되돌아가는 것입니다.

³ 이렇게 가족 개념이 변화하여 새롭게 정립되려면 시간이 다소 필요합니다. 하늘의 뜻을 후천의 흐름과 형국 속에서 지상에 적용·

실행·구현하고, 지상 존재들의 의식·인식·습관을 인정·존중·배려하는 안배의 과정을 밟아 가면서 진행하기 때문입니다. 이러한 과정에서 가장 먼저 이루어져야 할 것은 하나님이 지상의 중심으로 자리 잡는 흐름과 형국입니다.

4 하나님이 지상의 중심으로 자리 잡는 흐름과 형국이라는 것은 곧 하나님을 증거하는 천지인조화역사가 이루어진다는 것을 뜻합니다. 다른 말로 하면 하나님이 자신과 모든 존재들을 위하여 같이 함께 더불어 하고자 한 역사들이 이루어져 간다는 것입니다.

5 용신用神인 한당 선생님께서는 선천先天을 정리하고 도법의 체계를 잡았습니다. 그리고 그 도법을 또 다른 자신인 본신本神에게 전함으로써 온전하고 완전한 도법의 생명력을 일맥·일관·일통으로 호환·파동·공명하고, 그러한 도법을 하나님 스스로가 만인과 동고동락, 동병상련하여 같이 함께 더불어 공부하면서 모든 존재들을 인정·존중·배려하는 가운데 교류·공감·소통을 극대화하였습니다.

6 이처럼 하나님이 지상에서 도법체계를 잡고 그 도법체계를 다시 또 다른 하나님 자신에게 전하는 흐름과 형국을 통해 지상의 개체,

단체, 사회, 국가, 민족, 인종의 개념을 모두 인정·존중·배려하고 교류·공감·소통하는 가운데 도법을 전파할 수 있는 환경과 여건이 조성되었습니다. 이것은 곧 모든 존재들이 '하나님께서 지상에 계시며, 어떠한 이유로 오셨고, 어떠한 분이신지'를 알게 하는 기틀이 되었기에, 이러한 흐름과 형국 자체가 곧 하나님 자신을 증거하는 과정이 되었습니다.

7 이렇게 도법체계가 정립되고 하나님이 지상의 중심으로 자리 잡는 흐름과 형국이 진행되면서 하나님의 가족에 대한 개념도 정립되기 시작합니다. 다른 말로 하면 현재 지상 하나님과 가족이 머물고 있는 '백두가白頭家'에 대한 개념이 단계적으로 새롭게 정립되는 것입니다. 즉 백두가는 후천천지인조화역사의 흐름과 형국이 크고 깊게 진행되면 될수록 그 차원이 계속 상승·확장·발전하면서 새롭게 정립됩니다.

8 그래서 후천 초기에 하나님의 가족은 가시적인 지상의 개념이 그대로 적용되지만 천지인조화역사가 진행되면서 점차 천상의 개념에 다가가게 됩니다. 처음에는 지상 하나님의 가계家系를 가족의 개념으로 잡지만 앞서 밝힌 바와 같이 도법체계가 잡히고 도법이 전파되는 가운데 하나님 스스로를 증거하고 모든 존재가 하나

님의 가족이라는 사실이 지상의 존재들에게도 서서히 인식되면서 그것에 맞춰 하나님 가족의 개념이 단계적으로 상승·확장·발전하게 됩니다. 이에 따라 지상에 내려온 존재들이 석문도법石門道法을 통해 이러한 사실을 체득하고 깨우쳐 인식하는 가운데 근본자리를 찾게 되면, 일정한 기준과 원칙에 따른 과정과 절차를 밟아서 백두가의 구성원으로 받아들여지게 되는 것입니다.

9 이러한 백두가에 관한 천지인조화역사는 지축정립과 연계하여 진행될 수도 있고, 석문도문 본원本院 영역의 확장과 연계하여 진행될 수도 있습니다. 향후 천지인조화역사의 흐름과 형국에 따라 확정되겠지만, 일단 쉽게 이해할 수 있도록 지축정립을 기준과 원칙으로 백두가의 구성원으로 받아들여지는 과정과 절차를 정리하면 다음과 같습니다.

10 먼저, 지축정립 이전에 조화천궁造化天宮과 조화천궁 영역의 중태장中泰長 이상 그리고 천궁天宮과 천궁 영역의 중태장 이상 품계를 가지고 있는 존재가 자신의 근본자리를 찾게 되면 백두가의 구성원으로 받아들여지게 됩니다. 지축정립 이후에는 1차로 십이천도계十二天道界의 태장泰長급과 천궁 내궁天宮內宮의 태사泰師급 신神들이 근본자리를 찾았을 때 백두가의 일원으로 받아들여지게 됩니

다. 그리고 2차로 십이천도계의 태사급 신神들과 그 예하의 신神, 칠신七神, 20천좌의 신神들이 근본자리를 찾았을 때 백두가의 구성원으로 받아들여지게 됩니다. 3차로 칠신궁七神宮의 선금사先金師, 4차로 칠신궁의 신神들, 5차로 십일천도계十一天道界 1계의 신神들 그리고 총 6차에서 12차까지 십일천도계의 2계에서 십천도계十天道界의 4계에 있는 존재들까지 자신의 근본자리를 찾게 되면 모두 단계적으로 백두가의 구성원으로 받아들여지게 됩니다.

11 이러한 과정과 절차를 통해 백두가의 범위가 점진적으로 상승·확장·발전되어 완성도계인 십천도계 이상에 존재하는 모든 신神들이 백두가의 구성원으로 받아들여지게 됩니다. 이렇게 되는 때가 곧 천십승天十勝입니다. 따라서 천십승 때는 모든 존재들이 완성도계에 승천昇天하여 백두가의 구성원이 되는데, 지상식으로 표현하면 모든 존재들이 성인이 되어 아버지가 있는 한 집안에 모이는 것과 같습니다. 이렇게 모든 존재들이 백두가의 구성원으로 받아들여져 천십승을 이루면 예하의 미완성세계인 구천도계九天道界 이하는 정리됩니다. 하나님의 가족, 가정, 집안에 이제 성인, 즉 완성된 존재가 모여 살게 되는 것입니다.

12 요약하여 정리하면, 지축정립 이전에 조화천궁과 조화천궁 영역

의 중태장 이상 그리고 천궁과 천궁 영역의 중태장 이상 품계를 가지고 있는 존재들이 근본자리를 찾게 되면 백두가의 구성원으로 받아들여지게 되고, 이후 지축정립이 되면 총 1차에서 12차에 걸쳐 단계적 점진성을 가지고 기준과 원칙에 따라 모든 존재들이 백두가의 구성원으로 받아들여지게 됩니다.

이러한 과정과 절차가 모두 이루어지는 시기는 천십승과 맞물려 있습니다. 즉 석문도법서石門道法書에 '모든 존재들이 십천도계 이상 완성본자리에 승천하여 구원을 받는다'라는 내용으로 천십승을 표현한 구절은 곧 지상에 내려온 완성도계의 신神, 예하 도계의 신神, 지구인을 포함한 다른 별의 행성인들까지 모든 존재들이 자신의 자리를 찾아 백두가의 구성원으로 받아들여지는 과정을 말하는 것입니다.

[13] 덧붙여 한 가지 수도자들이 알아 두면 좋은 것은, 백두가의 구성원으로 받아들여지는 자격이 원래 도통道通한 존재에게 주어지기로 되어 있었다는 점입니다. 지금까지 흘러온 천지인조화역사를 보았을 때, 앞으로 더욱 고무적이고 긍정적인 천지인조화역사의 흐름과 형국이 나타날 수 있도록 하기 위하여 근본자리를 찾은 존재들을 백두가에 받아들여질 수 있도록 기준과 원칙을 조정·중재·

조화시킨 것입니다.

이렇게 기준과 원칙이 변화되었기에 여기에는 일정 수준의 불안정성이 일어날 수 있는 개연성이 있습니다. 그래서 하늘에서는 이러한 위험성을 미연에 방지하고 관리할 수 있도록 이에 관한 위험요소관리체계를 준비하고 있습니다. 공부를 통해 스스로의 근본자리를 찾고 백두가의 구성원이 될 모든 수도자들은 이러한 점을 염두에 둘 필요가 있습니다.

[14] 모든 존재는 창조주 하나님 품 안의 존재입니다. 이 태공의 거듭남을 위하여 지상을 만들어 천지인조화역사를 이루어 가는 과정에서 지상으로 내려온 모든 창조물들은 이 사실을 잊고 있었지만, 후천에 이르러 자신의 존재성과 존재가치를 찾아가는 가운데 이를 체득하고 깨우치고 인식하여 다시 하나님 품 안으로 돌아와 하나님 가족, 하나님 가정, 하나님 집안의 한 존재인 백두가의 구성원이 되는 것입니다.

[15] 이처럼 본래 백두가의 개념이 처음에는 개별 개념으로 존재하지만 차츰 전체 개념으로 상승·확장·발전되고, 그렇게 되어 가는 흐름과 형국 속에서 각각 개별적 부분 단위인 가족, 가정, 집안도 재

정립되는 것입니다.

이렇게 후천의 지상 가족 개념이 바뀌는 가운데 백두가가 처음에는 하나님의 가계 개념으로 시작하여 점점 공간 개념으로 상승·확장·발전하게 되고, 혈연, 지연, 학연, 국가, 민족, 인종, 종교를 모두 품고 뛰어넘어 천지인 섭리·율법·법도에 입각하여 그에 합당한 기준원칙성·균형형평성·기회균등성·과정절차성·의식공유성·등가비례성·입체통합성·희망긍정성·변화발전성·인정배려성·체계논리성·조화광명성에 따른 지침을 형성하여 단계적 점진성을 통해 마침내 완성도계에 승천한 모든 존재들이 백두가의 구성원으로 받아들여지게 되는 것입니다.

[16] 이렇게 지상에 백두가가 형성되는 것은 곧 모든 존재가 십천도계 이상의 완성도계에 승천하는 천십승과 맞물리면서, 결국 태공이라는 거시세계에 하나님 가족, 가정, 집안 그리고 그 안의 천지인 존재들이 살아가는 모습이 지구라는 미시세계에서도 그와 같이 이루어지는 것입니다. 그래서 태공의 완성이 어떤 것인지, 그 기본적인 모습을 누구나 지구에서 목도할 수 있게 됩니다.

결과적으로 천십승은 존재의 다양성 시대를 이루고 완성한다는 의미를 가지고 있습니다. 완성도계의 신神, 후천도계의 신神, 선천도계의 신神 그리고 지구인을 포함한 행성인들이 하나님을 중심으로 천십승을 이루어 가는 가운데 서로 인정·존중·배려하고 교류·공감·소통하여 백두가의 구성원이 되어 같이 함께 더불어 하는 것입니다.

17 그런데 이러한 후천시대의 모습을 선천의 인간적 가치관과 관점에서 판단하게 되면 존재의 다양성을 통해 나타나는 높고 낮음이 마치 '차별'이나 '소외'를 낳는 원인처럼 느껴질 수도 있습니다. 그것은 지금까지의 지상적 환경과 여건 속에서 익숙해진 인간적 의식·인식·습관에서 비롯된 선입견입니다.

지상 현실에서도 그러하듯 한 집안에는 큰 아들과 큰 딸, 작은 아들과 작은 딸이 있을 수 있습니다. 이런 집안이 화목한가, 그렇지 않은가는 근본적으로 존재의 크고 작은 차이에서 생기는 것은 아닙니다. 그 집안의 화목은 크고 작은 존재가 어떤 의식·인식·습관으로 서로 인정·존중·배려하느냐에 따라 결정되는 것입니다.

이와 마찬가지로 공부를 통해 완성도계에 승천한 존재들로 인해 이루어지는 존재의 다양성은 서로 인정·존중·배려하고 교류·공감·소통하여 같이 함께 더불어 하는 통합적 관계를 바탕으로 하기에 늘 조화롭고 아름다운 것입니다. 근본 자신을 찾아 개체의 완성을 통해 전체의 완성을 이루고, 전체의 완성이 개체의 완성을 이끄는 통합의 과정을 통해 하나님 품 안에서 하나의 가족, 가정을 이루고 한 집안의 구성원이 되기에 각자가 그리고 서로의 관계가 모두 조화롭고 아름다운 것입니다.

[18] 이와 같이 '백두가'가 상승·확장·발전되어 태공의 모든 존재를 품게 되어 천십승을 이루게 되면, '백두가'라는 표현은 태공과 하나로 일치되므로 굳이 더 이상 쓸 필요가 없게 됩니다. 그 빛과 힘, 가치가 없어져서 불필요한 것이 아니라 본래 찾아야 할 개념을 완성하였기에 더 이상 그 표현을 쓸 필요가 없는 것입니다. 이때가 되면 '같지만 다르고, 다르지만 같다'는 섭리의 진리를 모든 존재들이 이해하게 됩니다. '하나님 품 안에서 나온 존재'라는 공통분모를 실질성을 가지고 인지·인식·인정하기 때문입니다.

이렇게 모든 존재가 온전하고 완전한 조화로움과 아름다움을 실질적으로 인식할 수 있게 될 때 비로소 조화선국造化仙國이 열리게 됩니다. 천십승은 백두가와 맞물리며 이것은 결국 조화선국을 이루는 것을 뜻합니다. 즉 천십승을 바탕으로 백두가를 이룬 지구를 통해 태공의 온전하고 완전한 모습을 천지인 모두가 목도하게 될 것입니다.

천지가교원의 의미와 역할

1 앞으로 조화천궁과 조화천궁 영역의 중태장 이상 그리고 천궁과 천궁 영역의 중태장 이상 품계를 가지고 있는 존재들이 드러나게 되면 그들에게는 현재의 원院 체계에 속하는 보직補職을 바로 부여하지 않고 문주직속의 천지가교원天地架橋院이라는 새로운 원院에 보직을 부여할 예정입니다. 즉 조화천궁과 조화천궁 영역의 중태장 이상 그리고 천궁과 천궁 영역의 중태장 이상 품계를 가지고 있는 존재들이 근본자리를 찾게 되면 당연직으로서 천지가교원의 보직을 부여받게 됩니다.

2 현재 화황군華皇君의 근본 존재성이 드러나면서 그에 따라 앞으로 진행될 천지인조화역사에 관한 청사진이 일정 정도 밝혀지는 상황과 맞물려 지상의 하나님 나라를 누리러 오게 되는 큰 신神들도 다소 앞당겨 드러나게 되었습니다. 이로 인해 지금까지 진행되어 온 천지인조화역사와 그렇게 앞당겨진 천지인조화역사의 흐름과

형국을 조정·중재·조화시킬 필요가 생겼습니다.

3 즉 하늘은 천지인 섭리·율법·법도에 입각하여 그에 합당한 기준 원칙성·균형형평성·기회균등성·과정절차성·의식공유성·등가비례성·입체통합성·희망긍정성·변화발전성·인정배려성·체계논리성·조화광명성에 따라 상대적으로 작은 신神들이 지상에서 먼저 드러나 자신의 빛과 힘, 가치를 나투고 밝히고 나누어 하나님을 보좌補佐하고, 이후 큰 신神들이 올 터전을 닦을 수 있는 기회를 얻을 수 있도록 지상 천지인조화역사의 흐름과 형국을 만들어 왔습니다.

그런데 후천 2주기에 들어와 후천 1주기에 만들어진 시운의 유격을 맞추어 가는 가운데 천지인조화역사의 흐름과 형국에 다소 변화가 발생했습니다. 즉 천지인조화역사가 기본계획에서 심화계획으로 전환되면서 큰 신神들의 빛과 힘, 가치가 다소 빠르게 드러나게 되어 기존의 작은 신神들이 자신들의 빛과 힘, 가치를 극대한으로 발휘할 수 있는 기회가 일정 정도 줄어들 수도 있는 흐름과 형국이 나타나게 된 것입니다.

4 천상에 비해서 지상이 가질 수 있는 특성·특징·특색 중 하나는 다양성이 극한으로 발휘될 수 있다는 점인데 큰 신神들이 다소 빠

르게 드러나게 되면 천상에서 이루어진 체계가 지상에 너무 빠르게 자리 잡게 되어 지상에서 가질 수 있는 다양성의 빛과 힘, 가치가 다소 낮아질 수 있습니다.

5 그래서 하늘은 이제 드러나는 큰 신神들이 석문도문의 기존 원院이 아닌 천지가교원에 먼저 자리 잡게 함으로써 작은 신神들이 자신에게 주어진 기회를 계속해서 살릴 수 있도록 하여 다양성이 최대한 발휘될 수 있는 환경과 여건을 조성하고, 동시에 큰 신神들도 석문도문의 구성원으로서 소속감과 유대감을 가지고 자신의 빛과 힘, 가치를 나투고 밝히고 나누어 보좌충만할 수 있도록 기회의 장을 더욱 크게 만든 것입니다.

즉 천지가교원을 만들어 앞으로 드러나게 될 조화천궁과 조화천궁 영역의 중태장 이상 그리고 천궁과 천궁 영역의 중태장 이상 품계를 가지고 있는 큰 신神들과 지금까지 석문도문에서 자신의 빛과 힘, 가치를 나투고 밝히고 나누어 온 예하 신神들이 그 존재성과 존재가치가 서로 조화로운 가운데 자신의 빛과 힘, 가치를 다양하게 드러낼 수 있도록 하였습니다.

6 그래서 앞으로 큰 신神들이 드러나게 되면 일단 천지가교원에 보

직을 부여받게 됩니다. 결국 천지가교원의 설립을 통해 큰 신神들은 큰 신神들대로, 작은 신神들은 작은 신神들대로 각자의 특성·특징·특색에 따른 빛과 힘, 가치를 잘 발휘할 수 있고, 원래 하늘에서 계획한 대로 작은 신神들에게도 필요한 만큼의 기회를 줄 수 있습니다. 그리하여 이 지상에는 무수한 다양성의 장이 폭넓게 펼쳐져 헤아릴 수 없이 많은 빛들이 같이 함께 더불어 어울려 조화롭고 아름다운 조화선국을 이루는 계기를 맞게 될 것입니다.

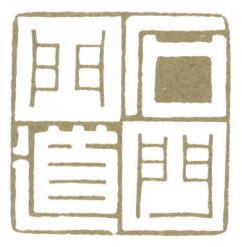

같이 함께 더불어

석문도문

한조님말씀 26

桓紀 26年 12月 18日
(2015. 2. 6)

천지가교원 구성원이 되는 기준과 원칙

1. 석문인의 경우, 보편적으로 일반 인간의 삶을 살다가 석문도법을 만나 단전테이프를 붙이고 수련을 시작합니다. 그때부터 수양적修養的인 삶을 거쳐 수도적修道的인 삶을 살아가는데, 인성적인 의식·인식·습관의 벽을 인정하고 극복하여 뛰어넘어 마침내 도道적인 삶을 시작하는 양신陽神 단계에 이르면 도호道號를 받을 수 있는 기본 자격을 갖추게 됩니다.

2. 그런데 조화천궁과 조화천궁 영역의 중태장 이상 그리고 천궁과 천궁 영역의 중태장 이상 품계를 가지고 있는 큰 신神들의 지상분신에게는 해당 신神이 가지고 있는 존재성과 존재가치의 빛과 힘, 가치 중에 핵심적인 빛과 힘, 가치를 내포하고 그러한 존재성과 존재가치를 상징할 수 있는 도호가 내려지게 됩니다. 이는 천지인 섭리·율법·법도에 입각하여 그에 합당한 하나의 기준과 원칙으로 되어 있습니다.

3. 그래서 조화천궁과 조화천궁 영역의 중태장 이상 그리고 천궁과 천궁 영역의 중태장 이상 품계를 가지고 있는 존재들이 그렇게 도호를 부여받아 사용하게 되면 도호 자체가 그 존재성과 존재가치

를 드러내는 것이 되므로, 그 존재들의 공부가 가급적 도계 이상이 되거나 완성본자리에 승천했을 때 도호를 내려주는 것이 여러 측면에서 적합하리라 생각하고 있었습니다.

4 그런데 오늘 석문동제 石門冬祭 | 한기 26년 12월 7일 | 태양력 2015년 1월 26일를 지내는 동안 하늘의 조화천궁과 조화천궁 영역의 중태장 이상 그리고 천궁과 천궁 영역의 중태장 이상 품계를 가지고 있는 큰 신神들이 모두 찾아와 다음과 같이 진중하게 청請을 하였습니다.

"천상에는 조화천궁의 대소大小 신神들과 십이천 천궁十二天天宮의 대소大小 신神들까지 여러 품계의 신神들이 있다고 석문인들에게 이야기되었지만, 현재 밀명신궁密命神宮의 신神들 중에 몇 명만 드러나다 보니 많은 이야기를 듣고도 막연하고 애매하고 모호하게 생각하여 실질적인 빛과 힘, 가치로 받아들여지기에는 다소 부족한 면이 있습니다. 그러한 상황에서 많은 석문인들의 심저心底에 자신이 큰 신神 중 하나가 아닐까라는 생각을 하거나 자신도 큰 신神 중 하나가 되었으면 좋겠다는 생각으로 자긍심과 자부심, 바람과 희망을 가지는 가운데 필요 이상의 상승 욕구를 일으키는 경우가 종종 일어나곤 합니다.

이렇게 인성적인 가치관과 관점으로 집착과 욕심을 가지는 경우가 생겨나면서 이것이 곧 석문인들 간에 관계의 결핍과 빈곤을 만들고 수련과 도무道務, 일상생활에 장애·방해·걸림을 일으키는 핵심 요인 중 하나가 되고 있습니다. 그래서 아직 완성본자리에 승천하지는 못했지만 이미 도문道門에 들어와서 공부하고 있는 조화천궁과 조화천궁 영역의 중태장 이상 그리고 천궁과 천궁 영역의 중태장 이상 품계를 가지고 있는 존재는 수도적인 삶을 시작하는 대주천大周天 이상이나 도道적인 삶을 시작하는 양신陽神 단계가 되었을 때 그 존재를 상징하고 암시하는 도호를 수여하여 많은 석문인들이 이들의 존재성을 예측할 수 있게 하는 것이 좋을 것 같습니다.

그렇게 하면 석문인들이 막연하고 애매하고 모호하게 생각한 것을 정리하여 하늘의 실질적인 빛과 힘, 가치를 있는 그대로 받아들일 수 있게 되므로 천지인 섭리·율법·법도에 입각하여 그에 합당하게 '할 수 있는 것과 할 수 없는 것, 해도 되는 것과 해서는 안 되는 것'에 대해서 스스로 조정·중재·조화하고 판단·선택·결정하여 주체·주도·자율성을 가지게 될 것입니다. 그렇게 되면 자연스럽게 하늘세계가 지상에 안착할 수 있게 되어 현재의 석문급변과 급진의 흐름과 형국이 더욱 상승·확장·발전하게 될 것입니다."

⁵ 이러한 신神들의 청請에 담긴 내용은 원래 한기 24년태양력 2012년 후반부터 시행할 계획이었으나 큰 신神들의 존재성이 많이 드러나게 되면 당사자뿐만 아니라 기존 지로사指路士들에게 여러 측면에서 시기적으로 다소 부담스러울 수 있고, 불필요한 일들이 일어날 수도 있다고 판단되어 뒤로 미룬 것입니다.

⁶ 그러나 현재 상하좌우 관계의 결핍과 빈곤으로 인한 공부의 장애·방해·걸림과 함께 그에 따른 도무에 있어서의 장애·방해·걸림이 천지인 삼시三時 삼합三合의 유격을 좁히는 데 필요한 석문인들의 의식·인식·습관의 상승·확장·발전에 적지 않은 문제를 만들고 있습니다. 이것이 결국 지십승역사地十勝役事를 완성하고 추수하여 결結 짓는 데 필요한 석문급변과 급진이 일정 수준 이상으로 진행되지 않고 기초적인 수준에서만 진행되게 하는 핵심 요소 중 하나로 작용하고 있는 것입니다.

따라서 현재 파악된 조화천궁과 조화천궁 영역의 중태장 이상 그리고 천궁과 천궁 영역의 중태장 이상의 품계를 가지고 있는 존재들 중 최소한의 인원을 드러내어 석문인들이 하늘의 조직과 조직체계, 구조와 구조체계를 막연하고 애매하고 모호한 것이 아닌 실질적인 것으로 받아들여 그러한 틀 속에서 스스로 신중하고 진중하게 생각하여 공부의 방향을 잡아나갈 수 있도록 하는 것이 모든 존재에게 더 좋은 결과를 가져다줄 수 있습니다. 더구나 지십승역사의 등급이 수직상승할 수 있는 개연성이 있기에 하늘은 사전에 준비하고 대비하는 관점에서 과정과 절차를 밟아 의식공유성을 형성하는 것을 염두에 두고 있습니다. 사실 이것은 석문급변과 급진이 아직까지 기초적인 흐름과 형국을 형성하고 있는 것에 대한 천상 큰 신神들의 고육지책苦肉之策 중 하나입니다.

7 따라서 이러한 관점들을 종합해 보면 천상 큰 신神들의 청請을 받아들이는 것이 천지인과 석문인들에게 신성과 영광, 축복과 복됨이 되므로 한기 27년 1월 1일태양력 2015년 2월 19일 00시 부로 이에 대한 역사를 적용·실행·구현하는 것을 검토하고 있습니다.

8 이것이 시행되면 조화천궁과 조화천궁 영역의 중태장 이상 그리고 천궁과 천궁 영역의 중태장 이상 품계를 가지고 있는 존재들이 드러나게 되는데, 그 존재성이 드러난 상태에서 이들에게 지로사직指路士職을 부여하는 것은 여러 상황에서 다소 부담스러울 수 있습니다. 또한 선역仙域에 그대로 소속되어 있기에도 다소 부담스러울 수 있습니다. 그래서 조화천궁과 조화천궁 영역의 중태장 이상 그리고 천궁과 천궁 영역의 중태장 이상 품계를 가지고 있는 존재

들이 드러나게 되면 천지가교원에 소속되게 하여 지로사에 준하는 자격으로 인정·존중·배려하는 것이 좋을 것 같습니다. 그래서 언제든지 본원에서 같이 함께 더불어 수련과 도무, 일상생활을 할 수 있도록 하면 좋을 것 같습니다.

9 또한 이 존재들에 대한 공식적 직책은 완성본자리에 승천하고 일정한 시간이 지난 후 적절한 시기에 천지인 섭리·율법·법도에 입각하여 그에 합당한 과정과 절차를 밟아 의식을 공유하여 부여하면 좋을 것 같습니다. 이것은 현재의 지로사들을 인정·존중·배려함과 동시에 후천 2주기에 천지인조화역사의 방향이 일정 정도 바뀌게 되면서 자신의 존재성이 빠르게 드러난 존재들에 대한 인정·존중·배려가 되기도 할 것입니다.

10 천지가교원으로 올 존재들에 대한 기준과 원칙을 다시 한 번 정리하면 다음과 같습니다.

1) 천사天事를 통해 석문인들 중에서 천상 큰 신神들의 분신을 일차적인 비중을 두고 찾아야 할 것 같습니다.

2) 찾게 된 존재들의 경우 수련을 하여 대주천 이상의 단계가 되면

백두전白頭殿에서 점검을 받아야 할 것 같습니다.

3) 이 경우 필요한 때에 해당 신神이 가지고 있는 존재성과 존재가치의 빛과 힘, 가치 중 핵심적인 빛과 힘, 가치를 내포하여 그러한 존재성과 존재가치를 상징할 수 있는 도호를 부여해야 될 것 같습니다. 그리고 이때부터 천지가교원의 공식적인 구성원으로 도문 생활을 시작하고, 그러한 관점에 맞는 적절한 교육을 해야 될 것 같습니다. 다만 지상 도문에서의 공식적인 직책 부여는 완성본 자리에 승천한 이후 일정한 시간이 지난 다음 적절한 시기에 해야 될 것 같습니다.

4) 따라서 석문인들 중에 조화천궁과 조화천궁 영역의 중태장 이상 그리고 천궁과 천궁 영역의 중태장 이상 품계를 가지고 있는 존재들은 도호를 받은 이후부터 천지가교원에 소속되어 본원에서 수련과 도무, 일상생활을 할 수 있도록 지로사에 준하는 자격으로 인정·존중·배려해야 될 것 같습니다.

한조님말씀 27

桓紀 26年 12月 18日
(2015. 2. 6)

한기 27년 석문도문 도무기조, 본립이도생

1 한기 27년태양력 2015년은 석문인들이 더욱 순수하고 순일한 마음과 마음가짐으로 공부에 집중하면 정말 좋을 시기입니다. 지난 만 12년 동안 공부에 대한 중요성을 여러 방법·방식·방편으로 이야기했지만, '공부에 집중하면 정말 좋을 시기'라고 표현한 것은 이번이 처음입니다. 물론 이 말은 수련에만 몰두하라는 뜻은 아닙니다. 자신에게 부여된 소임과 역할이라 할 수 있는 석문도문의 도무에도 적절한 비중을 두고 수련에 임할 때 공부가 원활히 진행될 수 있기 때문입니다.

2 이런 관점에서 한기 27년을 앞둔 지금, 공부에 있어 다음과 같은 두 가지를 염두에 두면 좋겠습니다.

첫 번째는 '순수하고 순일한 마음과 마음가짐으로 진법체득眞法體得한 도심道心이 있어야 한다'는 것입니다.

즉 공부하는 그 순간, 그 시기, 그 장소에서 최대한 순수하고 순일한 마음과 마음가짐으로 수련을 하는 가운데 체득·체험·체감한 도심을 가지면 좋습니다. 여기서 말하는 도심이란 많은 것이 포함

됩니다. '창조의 3대 목적'을 공부한 수준만큼 이해하는 것과 함께 자신이 공부를 통해 체득·체험·체감한 만큼 명확한 정체성, 확고한 주인의식, 올곧은 자기중심을 바탕으로 물처럼 유연해지는 것이 기본입니다. 여기에 자신에 대한 믿음과 그 믿음만큼 의지를 이끌어 내고 그것에 합당한 정성과 노력을 꾸준하고 지속적으로 행하여 스스로 꿈·희망·긍정·열정을 일으켜 끊임없이 도전하는 것이 모두 포함됩니다.

3 사실 석문인들은 석문도법서 石門道法書와 석문사상서 石門思想書, 석문도담서 石門道談書를 통해 많은 이야기를 들어왔기에 도심을 갖추기 위해서 무엇을 체득·체험·체감해야 하는지 이미 알고 있습니다.

여기에 한 가지 더 필요한 것을 말하면, 알고 있는 것을 나투고 밝히고 나누는 것, 즉 '실천'이 필요합니다. 순수하고 순일한 마음과 마음가짐으로 진법체득한 도심이 있어야 하며 그것을 지행합일 知行合一·언행일치 言行一致·표리일치 表裏一致·내외일치 內外一致해서 자기 자신과 주변을 조정·중재·조화하여 지속적으로 실천할 때 그것이 바로 공덕 功德이 됩니다.

4 인간의 숨에는 여러 형태가 있습니다. 가만히 있어도 자신의 마음

과 마음가짐에 따라 빛의 숨을 쉬게 됩니다.[1] 그래서 도심을 가지고 있으면 그에 합당한 빛과 힘, 가치의 교류·공감·소통이 일어나 주변에 영향을 줍니다. 눈에 직접적으로 보이지는 않지만 비가시적인 차원으로 진리를 전하게 되는 것입니다. 그래서 도道적인 마음을 가지고 있는 것만으로도 주변을 밝고 맑고 찬란하게 할 수 있습니다. 하지만 더 높은 차원으로 나아가기 위해서는 실질적인 '실천'이 필요합니다.

5 체득하고 깨우쳐 인식한 만큼 꾸준하고 지속적으로 형성되어 온 도심을 차근차근 하나씩 성찰·탐구·연구·분석·평가·정리·정련·정립·정돈하여 지행합일·언행일치·표리일치·내외일치하는 가운데 그것을 나투고 밝히고 나누는 섭리행攝理行이 곧 실천입니다. 이렇게 자신이 가지고 있는 도심을 실천을 통해 나투고 밝히고 나누어 드러내면 이를 통해 공덕이 크게 쌓입니다.

6 공덕을 쌓기 위해 자신 밖의 큰 것만 도모할 것이 아니라 작고 소소한 것에서부터 어떤 마음과 마음가짐을 가지고 어떤 눈빛·표

---

[1] 인간의 숨에 관한 설명은 석문도문의 기본서인 『석문사상』(석문출판사, 2013) 중 「인간 존재성 및 존재가치와 생명창조의 열쇠, 숨」편(84~86면)에 자세히 수록되어 있다.

정·자세·단어·용어·문장·말·말투·행동을 통해 주변 존재들을 어떻게 인정·존중·배려하고 어떻게 같이 함께 더불어 할 것인지 자성自省·자각自覺·자혜自慧·자행自行하여 실천하는 것이 중요합니다. 이렇게 작고 소소한 것에서부터 쌓은 공덕이 세상을 밝히고 자신을 상승·확장·발전시키는 중요한 요소가 되기에 이번 '한기 27년 석문도문 도무 방향 및 목표, 핵심 심결' 공지에 '석문도법, 석문사상, 석문예법의 문화화를 위한 기본 구호'로 이러한 내용을 포함한 것입니다.

7 도심과 도무, 공부도 이와 같은 이치와 원리로 일맥·일관·일통합니다. 도심에 여유와 넉넉함이 있다면, 도무도 여유와 넉넉함이 있을 수 있고, 공부 또한 여유 있고 넉넉해서 차분하고 침착하고 무심하게 몰입할 수 있게 됩니다. 반대로 도심에 여유와 넉넉함이 부족하다면, 도무도 여유와 넉넉함이 부족할 수 있고, 공부 또한 여유와 넉넉함이 부족해서 차분하고 침착하고 무심하게 몰입하기가 어렵게 됩니다. 결국 도심은 도무라는 실천을 통해 드러나고, 그렇게 도무라는 실천을 통해 나투고 밝히고 나눈 만큼 도심은 또 공부로 드러나게 됩니다.

8 이러한 이치와 원리에 따라 하늘은 현재 형성된 도심과 실천을 통

해 쌓은 공덕을 감안하여 그 정도에 맞는 환경과 여건을 조성해서 공부를 진행할 수 있게 합니다. 보충·보완·보강할 것이 있으면 투영화透映化 역사에 의한 투명화透明化 현상을 통해 잘하는 것과 보완할 것을 현재 수련 단계에 필요한 만큼 드러내어 본인이 스스로 인지·인식·인정하도록 해 주는 것입니다.

9 그래서 앞서 말한 '순수하고 순일한 마음과 마음가짐으로 진법체득한 도심이 있어야 한다'는 것에는 다음과 같은 공부의 과정과 절차가 반드시 함께 합니다.

'석문호흡수련으로 체득·체험·체감한 것을 나투고 밝히고 나누어 지행합일·언행일치·표리일치·내외일치하는 가운데 스스로를 증거·증명·검증해야 합니다.'

10 석문도법은 기존 종교단체나 수도단체와는 큰 차이가 있습니다. 석문도법은 단순히 믿기만 하거나 특정한 기법만을 통해 도道를 이루는 법이 아닙니다. 단전테이프를 석문혈에 붙이는 순간, 그 존재의 공부를 위해서 지상뿐만 아니라 하늘 전체가 숨 쉬고 움직이게 됩니다. 그러한 천지간의 환경과 여건을 바탕으로 스스로 석문호흡수련의 매 단계에서 자신의 정기신精氣神이 어느 정도의 광

도·밀도·순도, 특성·특징·특색, 품성·품위·품격을 나투고 밝히고 나누는지 증거·증명·검증하는 과정을 거칩니다.

즉 자기 자신과 원신 그리고 천지간의 대소大小, 신神, 주변 사람들에게 자기 자신이 어떤 마음과 마음가짐으로 실천하고 있느냐를 매 순간 증거·증명·검증해서 자신의 공부 정도가 객관적이고 실질적으로 확인되었을 때 다음 공부가 열려 도道를 이룰 수 있는 법法이 바로 석문도법인 것입니다. 그래서 공부를 통해 체득·체험·체감한 것을 지행합일·언행일치·표리일치·내외일치하는 가운데 스스로 공부의 정도를 증거·증명·검증하는 실천을 끊임없이 시도할 필요가 있습니다.

11 이런 관점에서 보면 자신에게 일어나는 작고 소소한 일에 감사하며 살아가는 실천도 중요합니다. 선천시대에 수도자들은 완성의 법法이 내려오지 않았지만 될 때까지 한다는 마음과 마음가짐으로 끊임없이 시도하고 시도하였습니다. 그들은 선천시대에 남은 도법의 희미한 맥脈만 잡고 공부하면서도 그렇게 시도할 수 있다는 자체를 영광과 은혜로 여기고 감사하며 살았습니다. 그렇게 범사凡事에 감사하며 살 수 있다면 자신이 하는 크고 작은 모든 실천이 자신과 주변에 신성과 영광, 축복과 복됨이 되고 일상이 곧 자

신을 증거·증명·검증하는 삶이 될 수 있습니다.

또한 자신에게 일어나는 작고 소소한 일에 감사하며 늘 자신을 격려하고 칭찬하고 사랑하며 인정·존중·배려하는 사람은 곧 타인에게 늘 감사하고 격려하고 칭찬하고 사랑하며 인정·존중·배려하여 교류·공감·소통하는 가운데 같이 함께 더불어 살아갈 수 있기에 자기 공부의 상승·확장·발전과 동시에 공덕도 쌓게 되는 것입니다. 그래서 우리 석문인들도 이러한 마음과 마음가짐을 통해 자기 자신을 증거·증명·검증하는 삶을 산다면 참 좋을 것 같습니다.

12 두 번째는 '지상분신이 석문호흡을 하고 있는 완성도계 신神들의 보완교육 기준'에 관한 것입니다. 이 이야기는 올해 도무기조道務基調인 '본립이도생本立而道生'에 담긴 이면의 뜻에서 시작할 수 있습니다. 석문도문 내적인 가치관과 관점에서 보면 '본립이도생'은 '석문인들이 본本을 세워서 신성神性을 충만히 하면 자신 안에 사랑이 가득하고 만물이 생육生育한다'라는 뜻이 담겨져 있습니다. 외적으로는 지십승역사를 향한 흐름과 형국 속에서 전 지구적인 투영화역사에 의한 투명화현상이 더 크고 깊어져 세상이 무척 힘든 시기로 들어간다는 뜻이 담겨 있습니다.

¹³ 1988년에 후천이 열렸습니다. 이후 천지인 섭리·율법·법도에 입각하여 그에 합당한 기준원칙성·균형형평성·기회균등성·과정절차성·의식공유성·등가비례성·입체통합성·희망긍정성·변화발전성·인정배려성·체계논리성·조화광명성에 따라 지상에 하늘이 열리기 시작하면서 지상은 환란患亂의 시대로 들어갔습니다. 지금까지 환란의 시대라고 표현하지 않은 것은 1988년부터 2014년까지는 소급환란小級患亂의 시기였기 때문입니다. 그런데 2015년은 소중급환란小中級患亂이 일어나기 시작하는 해이자 경우에 따라 중급환란中級患亂까지 올라갈 수도 있으며, 천지인조화역사의 흐름과 형국이 어떻게 되느냐에 따라 대급환란大級患亂, 즉 지십승역사의 정점이 형성될 수도 있으므로 사실상 본격적인 환란의 해라고 부를 수 있습니다.

¹⁴ 지구를 거악생신去惡生新하여 후천 조화선국을 여는 데 있어 가장 중요한 것은 석문인의 의식·인식·습관과 이에 따른 실천입니다. 만약 석문인의 의식·인식·습관과 이에 따른 실천이 지축정립을 뛰어넘어 조화선국을 열 수 있는 정도가 아닌 상태에서 지십승역사가 일어나게 되면 마치 모든 것이 태초로 되돌아간 것과 같은 흐름과 형국이 생깁니다. 즉 지금까지 진행해 온 천지인조화역사의 빛과 힘, 가치가 퇴색될 수도 있습니다.

¹⁵ 그렇기 때문에 신神들은 석문인 전체의 의식·인식·습관과 이에 따른 실천의 평균적인 수준을 지속적으로 확인합니다. 지금까지는 기준치에 이르지 못했으며 지상식 표현으로 낙제점을 받아 왔습니다. 이러한 유격을 좁히기 위해 석문급변과 급진을 열었습니다. 그런데 석문급변과 급진을 통해 많은 분들의 공부가 상승·확장·발전되고 있지만 시운의 유격을 좁혀 갈 만큼 빠르게 진전되고 있지는 않습니다. 석문인의 의식·인식·습관과 이에 따른 실천을 형성하는 정기신의 광도·밀도·순도, 특성·특징·특색, 품성·품위·품격이 그 정도의 변화를 이루어 내지 못하고 있기 때문입니다.

¹⁶ 와식臥息에서 양신陽神까지 매 단계마다 형성되는 정기신의 광도·밀도·순도는 모두 최저 임계점과 최고 임계점이 있고, 그에 따른 평균 임계점이 있습니다. 그래서 석문인이 일념정진, 용맹정진으로 수련하여 그 단계의 정기신에 합당한 광도·밀도·순도의 평균 임계점을 형성하면 그 존재의 특성·특징·특색의 빛과 힘, 가치를 나투고 밝히고 나누게 되며 그에 따른 품성·품위·품격이 드러나게 됩니다.

그렇게 되면 자신의 광도·밀도·순도, 특성·특징·특색, 품성·품위·품격을 더 밝고 맑고 찬란하게 나투고 밝히고 나눌 수 있는 환경과 여건이 자연스럽게 조성되면서 다음 공부의 흐름과 형국이 만들어집니다. 반대로 자신의 광도·밀도·순도가 일정 기간 계속해서 평균 임계점에 미치지 못하게 되면 공부가 진행되지 않고 답보 상태에 빠지게 됩니다.

17 이러한 이치와 원리에 입각하여 하늘에서는 천지인 섭리·율법·법도를 본격적이고 실질적으로 적용·실행·구현함에 있어 적절한 가교와 완충력을 형성하고, 석문인의 의식·인식·습관이 진법체득한 만큼 일정한 수준으로 유지·관리·발전될 수 있도록 도와 주기 위하여 지상분신이 석문호흡수련을 하고 있는 완성도계의 신神들을 대상으로 보완교육제도를 만들어 적용·실행·구현해 왔습니다.

즉 지상분신이 해당 단계를 공부할 때 형성하는 광도·밀도·순도, 특성·특징·특색, 품성·품위·품격이 가지는 최저 임계점과 최대 임계점을 0과 100으로 잡았을 때 일정 기간 지속적으로 30 이하로 떨어지면 심화교육, 20 이하로 떨어지면 기본교육, 10 이하로 떨어지면 기초교육을 받았습니다.

18 그런데 이제 하늘은 지상분신이 석문호흡을 하는 완성도계 신神

들의 보완교육 기준을 일정 부분 변경하고, 그 명칭을 '기초, 기본, 심화, 심화용사교육'에서 '기초基礎, 기본基本, 보강補强, 승화昇華 교육'으로 새롭게 명명하여 석문인의 의식·인식·습관을 더욱 상승·확장·발전시키는 데 도움을 주고자 합니다.

[19] 그래서 한기 27년 1월 1일 태양력 2015년 2월 19일 00시부로 일정 기간 경우와 단계에 따라 다소 차이가 있지만 보통 120일 기준 정기신의 광도·밀도·순도, 특성·특징·특색, 품성·품위·품격이 지속적으로 50 이하로 떨어지면 보강교육을 받고, 30 이하로 떨어지면 기본교육을 받게 됩니다. 10 이하로 떨어지면 기존대로 기초교육을 받게 됩니다. 그리고 일정기간 70 이상이 되면 다음 공부로 넘어가는 데 필요한 승화교육을 받을 수 있습니다.

[20] 이해하기 쉽게 핵심을 정리하면 다음과 같습니다.

1) 기초교육: 정기신의 광도·밀도·순도, 특성·특징·특색, 품성·품위·품격이 일정 기간 10 이하로 떨어질 때 받는 교육
2) 기본교육: 정기신의 광도·밀도·순도, 특성·특징·특색, 품성·품위·품격이 일정 기간 30 이하로 떨어질 때 받는 교육
3) 보강교육: 정기신의 광도·밀도·순도, 특성·특징·특색, 품성·

품위·품격이 일정 기간 50 이하로 떨어질 때 받는 교육
4) 승화교육: 정기신의 광도·밀도·순도, 특성·특징·특색, 품성·품위·품격이 일정 기간 70 이상으로 상승·확장·발전할 때 받는 교육

²¹ 덧붙여 말하면 기초교육을 받는 경우, 그 원신을 완성도계의 존재로 존속하게 할지 아니면 추방할지를 검토합니다. 기초교육을 받음에도 지상분신의 정기신이 형성하는 광도·밀도·순도, 특성·특징·특색, 품성·품위·품격이 상승·확장·발전되지 않는다면 추방 결정이 내려집니다.

기본교육을 받는 경우, 완성도계에 있는 근본원신의 존재성과 존재가치를 일시적으로 회수하고 보직을 해임시킨 다음, 판관判官신神들에 의하여 약식 평가審判를 받아서 그에 합당한 교육과정을 밟게 합니다. 그렇게 되면 원신은 신神으로서의 기본권이라 할 수 있는 존재성과 존재가치가 회수된 상태에서 교육에 들어가게 되므로 지상분신의 공부를 인도할 수 없습니다. 또한 하늘에는 공석空席 개념이 없으므로 그 자리에는 다른 신神이 영전榮轉됩니다. 결국 기본교육을 받은 신神이 복귀할 때는 본래 자신의 자리가 아닌 좌천左遷된 보직을 받게 됩니다.

보강교육을 받게 되는 경우, 근본원신의 존재성과 존재가치와 함께 지상분신에 대한 권한·책임·의무도 그대로 유지됩니다.

승화교육을 받게 되는 경우, 다가올 천지인조화역사나 천상 근본원신의 소임과 관련하여 지상분신에게 준비시키고 대비시키는 관점에서 교육이 진행됩니다. 다른 교육들은 발생한 문제에 대한 '조치'의 차원인 반면 승화교육은 '준비' 혹은 '대비'의 차원에서 시행되는 보완교육제도인 것입니다.

[22] 이렇게 한기 27년부터는 다가오는 지십승역사를 준비하고 대비하며 지상에 본격적인 '신神의 시대'를 열고 안착시켜 태공을 완성하고 추수하고 결結 짓기 위하여 석문인의 의식·인식·습관이 진법 체득한 만큼 일정한 수준으로 유지·관리·발전될 수 있도록 지상분신이 석문호흡수련을 하고 있는 완성도계 신神들의 보완교육 기준 자체를 높였습니다. 그만큼 석문인들 스스로 자신의 정기신의 광도·밀도·순도를 해당 단계에 맞게 유지·관리·발전시켜 그 정도의 빛과 힘, 가치에 따른 자신의 특성·특징·특색을 나투고 밝히고 나누어 자신만의 품성·품위·품격을 드러내면 자연스럽게 공부의 흐름과 형국을 만들 수 있습니다.

²³후천에는 이렇게 지상분신으로 인해 이전에는 없던 큰 변화가 생기고 있습니다. 태초에 행성인의 시대를 열 즈음 천상에서는 신神들의 존재성과 존재가치가 안착되어 거의 변화가 없었습니다. 하지만 후천에 이르러서는 태공을 완성하고 추수하여 결結 짓기 위한 지상의 역사가 하늘에 영향을 미쳐서 신神들의 존재성과 존재가치가 변화합니다. 이는 이전 하늘에서는 없었던 변화무쌍變化無雙하고 천변만화千變萬化한 일들입니다. 그래서 그만큼 현재 천지인조화 역사에 따른 지상분신의 공부가 중요한 것입니다.

²⁴석문도문의 도무 진행도 지상분신이 이루는 공부의 상승·확장·발전과 많은 부분이 맞물려 있습니다. 해당 단계에서 갖추어야 하는 정기신의 광도·밀도·순도, 특성·특징·특색, 품성·품위·품격이 기본적인 빛과 힘, 가치를 형성하지 못하면 다른 용사用事들이 모두 보류되기 때문입니다. 도道의 맥脈은 이어갈 수 있도록 본本과 연관된 용用적인 것만 유지되고 그 이외의 용사가 진행되지 않습니다. 본本이 진행되지 않은 상태에서 용사가 진행되면 공부에 집중하지 않게 되어 본말本末이 전도될 수 있기 때문에 도무의 진행 역시 본인 공부와 맞물려 진행될 수 있도록 안배한 것입니다.

²⁵이러한 이치와 원리는 개체와 전체가 하나로 일맥·일관·일통합

니다. 예를 들어 전체 석문인의 정기신의 광도·밀도·순도, 특성·특징·특색, 품성·품위·품격이 그 시기에 평균적으로 갖춰야 될 만큼 형성되어 있지 않으면 그 이상 석문도문의 도무적 용사가 잘 진행되지 않습니다. 즉 도(道)의 맥(脈)은 이어갈 수 있도록 본(本)에 관련된 용(用)적인 도무는 진행되게 하지만 그 외의 도무는 잘 진행되지 않습니다.

26 그렇게 용사적인 부분의 진행이 멈추는 것을 통해 스스로가 자성, 자각하게 하여 그러한 체득·체험·체감으로 새롭게 깨닫게 된 부분을 정기신에 체화(體化)하는 자혜의 과정과 절차를 거치게 됩니다. 그리고 자신의 삶이 자혜한 그대로 될 수 있도록 자행하는 가운데 일상생활 속에서 작고 소소한 실천이 곧 빛 나툼이 되고, 공부의 증거·증명·검증이 되어 본(本)을 다시 세우게 하는 것입니다.

27 그래서 하늘은 수도자의 근본 존재성에 비추어 현 단계에 필요한 정기신의 광도·밀도·순도 중 어느 하나라도 평균 임계점에 부족하다고 판단되면 환경과 여건을 조성하여 투영화역사에 의한 투명화현상을 만드는 것입니다. 이 투영화역사에 의한 투명화현상을 통해 '정기신의 광도·밀도·순도가 어느 정도인가?', '특성·특징·특색의 빛과 힘, 가치를 얼마만큼 나투고 밝히고 나누는가?', '그만

큼 품성·품위·품격을 드러내고 있는가?', '순수하고 순일한 마음과 마음가짐을 얼마만큼 발휘하는가?'를 스스로 확인하게 합니다.

그리고 이러한 섭리적 이치와 원리는 개체는 물론 전체에도 적용되는데, 전체 석문인의 평균 광도·밀도·순도, 특성·특징·특색, 품성·품위·품격이 일정 기간 그 단계에서 필요한 50 이하라면 한기 27년 1월 1일(태양력 2015년 2월 19일) 00시부로 30에서 50으로 상향 조정 집단적 투영화역사에 의한 투명화현상을 일으켜서 전체가 공부의 정도를 스스로 확인하게 합니다.

28 후천에는 이렇게 하늘이 지상에 직접·적극·능동적으로 환경과 여건을 조성하면서도 모든 존재의 개체의지를 천지인 섭리·율법·법도에 입각하여 그에 합당한 기준원칙성·균형형평성·기회균등성·과정절차성·의식공유성·등가비례성·입체통합성·희망긍정성·변화발전성·인정배려성·체계논리성·조화광명성에 따라 최대한 인정·존중·배려하고 있습니다. 하늘이 공부의 환경과 여건을 조성하면서도 최대한 인정·존중·배려하는 또 다른 예를 하나 들겠습니다.

29 석문도법을 공부하는 석문인들의 경우 '나는 왜 여기 있지?' '산다는 것은 무엇인가?' '인간이란 무엇인가?'라고 의문을 품거나, 하

늘을 보면서 근원에 대한 갈망을 한 적이 있을 것입니다. 이는 그 근본이 순수인간이 아닐 수도 있기에 일어나는 현상입니다. 순수인간의 경우 그러한 생각을 잘 품지 않습니다. 순수인간은 '나는 누구인가?'라는 존재 자체에 관한 질문이 아니라 '나는 뭘 하지?'라는 용사적인 종류의 질문을 합니다.

30 순수인간은 그러한 마음과 마음가짐으로 여러 시행착오를 하며 한평생을 살다가 죽은 후, 저승에서 판결을 받아 일정한 보충·보완·보강을 거친 후에 다시 인간으로 내려오게 되면, 그 생生에서는 '도대체 인간으로 사는 게 무엇인가?'라는 의문을 가지게 됩니다. 또 다음 생生이 되면 '이런 것도 견디고 감당하며 살아야 되는가?'라는 인간의 삶에 대한 회의적인 질문을 하게 되고 그 다음 생生에서는 '천지간의 이치와 원리는 무엇인가?'라는 질문으로 귀결하면서 마침내 수도자의 길을 걷게 됩니다.

31 근본이 신神인 존재와 마찬가지로 행성인들도 지구에 살아가면서 '나는 누구인가?'라는 의문을 가집니다. 지상의 삶을 신기해하고 호기심이 많아서 살아가는 모습이 다소 독특하지만, 행성인들도 자신이 온 곳이 따로 있기 때문에 스스로 자신이 누구인지 의문을 가집니다.

³² 그런데 이렇게 후천에 들어와서 '나는 누구인가?'라는 의문을 갖는 존재들이 지상에 많아지면 지구 전체에 변화가 일어납니다. '나는 누구인가?'라는 질문이 한 사회, 한 국가를 넘어 전 세계에 퍼지게 되고 그것이 전 지구에 30% 정도의 흐름과 형국을 만들게 되면 나머지 70%의 인류에게도 그러한 흐름과 형국이 자연스럽게 만들어집니다.

³³ 결국 하늘은 섭리의 순리대로 여의如意하는 흐름과 형국을 통하면서도 모든 존재의 개체의지가 주체·주도·자율적으로 형성될 수 있도록 신神들의 지상분신이 먼저 그러한 삶을 살게 하여 다른 모든 존재가 하늘을 갈망하여 완성본자리에 승천할 수 있도록 환경과 여건을 조성하는 것입니다. 하늘은 이렇게 개별 존재의 개체의지를 최대한 인정·존중·배려하는 가운데 천지인조화역사를 이루어 가려고 합니다. 그만큼 하늘이 개별 존재의 개체의지를 인정·존중·배려하기 위하여 지상에 신神들을 내려보낸 것이기도 하므로 신神들의 지상분신이 가지는 소임과 역할은 참으로 중요하다 할 수 있습니다.

³⁴ 한기 27년은 지금까지 밝혀졌던 하늘의 모습보다 더 많은 하늘의 모습이 드러나게 될 것입니다. 그로 인해 더욱 상승·확장·발전할

수 있는 환경과 여건이 조성되고 다른 한편으로는 그만큼 절차탁마切磋琢磨해야 할 보완점 또한 드러나게 됩니다.

즉 한기 27년은 석문인들에게 막연하고 애매하고 모호하게 받아들여질 수도 있는 하늘의 조직과 조직체계, 구조와 구조체계가 실질적으로 드러나게 될 뿐만 아니라, 지십승역사의 등급이 소중급小中級으로 올라가는 가운데 수직상승할 수 있는 개연성까지 열려 있습니다. 그래서 하늘은 사전에 준비하고 대비하는 관점에서 앞서 이야기한대로 공부에 필요한 석문인의 마음과 마음가짐을 전하고 하늘의 보완교육 기준을 새롭게 정비하여 석문인들이 가진 의식·인식·습관의 상승·확장·발전을 통해 이러한 천지인조화역사를 안정적으로 받아 낼 수 있도록 과정과 절차를 밟아 의식공유성을 형성하고 있는 것입니다.

35 전체 이야기를 요약하면 다음과 같이 정리할 수 있습니다. 앞으로 공부에 있어 매 단계의 정체성과 목적·목표·방향성을 체득하고 깨우쳐 인식하기 위하여 석문도법서, 석문사상서, 석문도담서를 탐독하면서 먼저 공부한 선배에게 조언을 듣는 등 그 단계에 필요한 순수하고 순일한 마음과 마음가짐으로 체득·체험·체감하여 도심을 형성하는 것이 참으로 중요합니다.

그리고 이러한 도심을 나투고 밝히고 나누는 실천을 통해 그 빛과 힘, 가치를 드러내어 석문호흡수련으로 체득·체험·체감한 섭리의 진리를 지행합일·언행일치·표리일치·내외일치하는 가운데 스스로를 증거·증명·검증할 필요가 있습니다. 그러할 때 자기 공부의 객관성과 실질성을 자기 자신과 원신, 천지간의 대소^{大小} 신^神 그리고 주변 사람들이 확인하여 공부의 길이 크게 열리고 세상은 더욱 광명해지는 것입니다.

36 또한 하늘은 앞으로 더욱 광명해지는 한기 27년을 준비하고 대비하기 위해 자신이 현재 가지고 있는 정기신의 광도·밀도·순도, 특성·특징·특색, 품성·품위·품격의 빛과 힘, 가치를 유지·관리·발전시킬 수 있도록 지상분신이 석문호흡수련을 하고 있는 완성도계 신神들의 기존 보완교육제도를 기초교육 광도·밀도·순도가 일정 기간 10 이하, 기본교육 광도·밀도·순도가 일정 기간 30 이하, 보강교육 광도·밀도·순도가 일정 기간 50 이하, 승화교육 광도·밀도·순도가 일정 기간 70 이상으로 새롭게 정비하여 석문인의 의식·인식·습관을 한 차원 더 높일 수 있도록 하였습니다.

37 석문인의 긍정과 열정이 천지인의 나툼과 나눔입니다. 석문인들은 지금까지 잘해왔고, 잘하고 있으며, 앞으로도 잘할 것입니다. 하늘이 지상에 내려와 온 세상이 더욱 광명해지는 크나큰 변화 속

에서 가장 중요한 것은 자신의 빛과 힘, 가치를 소중히 여기고 그것에 집중하는 것입니다.

[38] 그렇게 자신에게 집중하려면 자신을 순수하고 순일하게 사랑하면 됩니다. 자신을 순수하고 순일하게 사랑하기 위해서는 자신을 있는 그대로 바라보고 인지·인식·인정하여 받아들이고 성찰·탐구하여 잘하는 것은 더 잘할 수 있도록 하고, 부족한 것은 잘할 수 있도록 정성과 노력을 다하면서 자신을 인정·존중·배려하는 여유와 넉넉함 그리고 따뜻함으로 자신을 감동시키면 됩니다. 그러한 순수하고 순일한 자기감동은 더 큰 자신이 되게 합니다.

[39] 그렇게 자신을 순수하고 순일하게 사랑할 수 있는 사람은 타인을 순수하고 순일하게 사랑할 수 있고, 타인을 순수하고 순일하게 사랑할 수 있는 사람은 천지만물을 순수하고 순일하게 사랑할 수 있으며, 천지만물을 순수하고 순일하게 사랑할 수 있는 사람은 하늘을 순수하고 순일하게 사랑할 수 있고, 하늘을 순수하고 순일하게 사랑할 수 있는 사람은 하늘로부터 순수하고 순일한 사랑을 받을 수 있습니다. 석문인들이 그렇게 자신에게 집중하여 자신을 순수하고 순일하게 사랑할 수 있을 때 한기 27년 한 해에도 천지인의 신성과 영광, 축복과 복됨이 늘 같이 함께 더불어 할 것입니다.

한조님말씀 28

桓紀 27年 1月 6日
(2015. 2. 24)

광도·밀도·순도 유지·관리·발전의 중요성

1 공부를 잘하기 위해서는 섭리대로 자신을 알면 좋습니다. 자신을 섭리대로 알려면 자신을 있는 그대로 볼 줄 알아야 합니다. 자신을 섭리대로 알기 위해 자신을 있는 그대로 본다는 것은 스스로가 얼마만큼 섭리를 지향해 가고 있는지 객관적이고 합리적이면서 천지인天地人의 시선으로 자신을 바라보는 것을 뜻합니다. 그렇게 자신을 있는 그대로 볼 수 있는 힘이 생기게 되면, 그것을 바탕으로 스스로 성찰하고 탐구하여 주체·주도·자율적으로 자신을 상승·확장·발전시키도록 판단·선택·결정할 수 있게 되므로 공부가 체계·논리·합리적인 효율성을 갖고 생명력 있게 진행될 수 있습니다.

2 만약 자신을 있는 그대로 보지 못하는 상태가 지속되면 하늘은 공부의 진행에 앞서 자신을 있는 그대로 볼 수 있게 하는 환경과 여건을 조성하게 되므로 공부는 답보됩니다. 예를 들어 자의식이 지나치게 높아지면 잘하는 것에 우쭐해 하고, 자의식이 너무 낮아지면 못하는 것을 자책하고 무시·외면·회피하려고만 하는 경우가 있습니다. 그렇게 되면 하늘은 투영화역사에 의한 투명화현상을 통해 자신의 모습을 있는 그대로 볼 수 있게 해 줍니다.

³ 처음에는 볼 수 있게 해 준다는 차원에서 시작하기에 기본적인 수준 정도에서 그칩니다. 그럼에도 변화가 잘 일어나지 않으면 점점 신중해지고 진중해지다가 때로는 엄중해지기도 합니다. 엄중해졌는데도 별다른 변화가 없으면 '진심으로 이 공부를 하려고 하는가?'라는 관점에서 일종의 '시험試驗 환경'을 만들어 공부하려는 의지와 공부에 합당한 자격이 있는지를 확인하게 됩니다.

⁴ 시험은 아주 특별한 상황에서만 비롯되지 않습니다. 겉으로 보면 시험은 일상생활과 구분이 없습니다. 즉 시험은 작고 소소한 일상생활을 통해서 옵니다.

특별한 상황에서는 의식적으로 특별한 행동을 취할 수도 있기에 현재 자기 정기신의 빛과 힘, 가치와 다소 다른 의식·인식·습관을 만들어서 드러낼 수도 있습니다. 반면에 일상생활에서 무심코 하는 모든 행동 속에서 그 동안 공부를 통해 체득·체험·체감하여 형성된 자기 정기신의 의식·인식·습관이 있는 그대로 드러나게 됩니다. 일상생활에서 그렇게 자신의 본래 모습이 있는 그대로 드러나기 때문에 시험은 대개 신변身邊의 작고 소소한 일들에서 시작되는 것입니다.

5 결국 공부는 자신을 얼마만큼 효율적으로 바라보는가에 따라 그 진전이 결정될 수 있습니다. 있는 그대로 바라보고 직시直視한다면 직시한 그대로 인지·인식·인정하고, 인지·인식·인정한다면 받아들이고, 받아들인다면 성찰하고 탐구하여 잘하는 것은 더 잘할 수 있도록 실천하고, 부족한 것은 보충·보완·보강하여 그것을 극복하고 뛰어넘을 수 있도록 작고 소소한 것에서부터 꾸준하고 지속적으로 실천하게 되면 인과형국因果形局·결자해지結者解之·해원상생解寃相生·거악생신去惡生新을 통한 빛의 거듭남을 이루게 됩니다.

그래서 순수하고 순일한 마음과 마음가짐으로 진법체득한 도심을 세워 스스로를 정화·순화·승화하고 주변과 조화·상생·상합하여 지행합일·언행일치·표리일치·내외일치하는 가운데 눈빛·표정·자세·단어·용어·문장·말·말투·행동과 같은 작고 소소한 것에서부터 변화를 이루게 되면 공부에 진전이 있게 됩니다. 이렇게 스스로를 있는 그대로 바라보는 가운데 순수하고 순일한 마음과 마음가짐으로 도심을 세우고 실천하는 과정과 일상생활 중에 신변의 작고 소소한 일로 드러나는 결과를 통해 하늘은 공부의 정도를 판단하는 것입니다.

6 작고 소소한 신변의 일로 공부의 정도를 판단한다는 것은 결국 그

동안 수련을 통해 상승·확장·발전한 그 존재의 정기신의 빛과 힘, 가치가 육신과 얼마만큼 호환·파동·공명하여 실질적으로 그렇게 되고 있는지 그 자체를 보는 것입니다. 즉 그 단계에 합당한 광도·밀도·순도를 통해 형성된 자기 정기신의 빛과 힘, 가치가 얼마만큼 일상생활 속에서 지행합일·언행일치·표리일치·내외일치되어 그만큼 나투고 밝히고 나누어지고 있는지를 확인하는 것입니다.

7 그래서 공부는 자기 단계에 합당한 광도·밀도·순도를 갖추고 그것에 맞는 특성·특징·특색을 나투고 밝히고 나누는 가운데 스스로의 품성·품위·품격을 얼마만큼 갖추는가가 중요한 관건이 된다고 말하는 것입니다.

8 자기 단계에 합당한 광도·밀도·순도를 얼마만큼 안정적으로 갖추고 있는지 스스로 판단해 볼 때 참조할 수 있는 몇 가지가 있는데 그중 대표적인 것이 바로 '꿈'입니다.

9 꿈은 크게 세 종류가 있습니다. 첫 번째로 잡몽雜夢이 있습니다. 잡몽은 내면의 욕구를 꿈으로 형상화하여 드러내 일정 부분 해소하는 것입니다. 즉 현실에서 이루어지지 않거나 이루기 어려운 상태로 있는 욕구를 걸러내기 위하여 형성되는 꿈이 잡몽입니다.

두 번째로 선몽先夢이 있습니다. 선몽은 신神과 대화하여 교류·공감·소통할 수 있는 단계가 되지 않은 경우, 꿈을 통해 전하려 할 때 쓰이는 것입니다. 또한 도계에 승천하여 신神과 대화를 할 수 있지만 아직 자기믿음이 막연하고 애매하고 모호하거나, 교란·산란·혼란의 상태에 있을 때 객관성을 더하여 무엇인가를 전하려고 할 때 활용되기도 합니다.

세 번째로 현몽現夢이 있습니다. 현몽은 기본적으로 자신이 지은 것을 꿈을 통해서 정리할 수 있도록 한 것입니다. 현재 석문도문에서는 지상분신이 자신을 있는 그대로 성찰하고 탐구하여 지행합일·언행일치·표리일치·내외일치하고 잘하는 것은 더 잘할 수 있도록 하고 부족한 부분은 보충·보완·보강하여 인정하고 극복하고 뛰어넘을 수 있도록 천광현몽도법天光現夢道法을 제도적으로 시행하고 있습니다.

10 그런데 꿈은 주로 영혼백靈魂魄의 작용으로 인해서 꾸게 되어 있습니다. 보편적인 경우 영혼백이라는 삼중의 가교와 완충장치를 통해 외부의 빛들을 받아들이게 되는데 가교와 완충의 과정 중에 장애·방해·걸림이 되는 것들로 인해 주로 꿈이 만들어지게 됩니다. 즉 자신이 바라는 사실과 실제 사실 사이에 격차가 있으면 영혼백

이 가교와 완충을 하게 되는데, 그런데도 갈망이 너무 크면 그러한 유격으로 인해 발생하는 욕구가 완전히 해소되지 않고 내면에 계속해서 쌓이게 되는 경우가 생깁니다.

그것이 필요 이상으로 내면에 쌓이게 되면 의식과 의식체계에 일종의 왜곡현상이 생길 수 있습니다. 그때 인간은 자동적으로 자신이 가진 보호장치를 사용하여 그러한 욕구들을 밖으로 드러나게 합니다. 가장 쉽고 자연스럽게 운용할 수 있는 보호장치가 상념이나 잡념입니다. 더욱 강한 보호장치가 작동하게 되는 경우가 있는데 그것이 바로 꿈입니다. 현실에서 이루지 못하고 있는 갈망을 꿈을 통해서 밖으로 풀어 내는 것입니다.

11 따라서 수련의 계제가 높아질수록 정기신의 빛과 힘, 가치가 충만해지고 광도·밀도·순도가 안정되면 영혼백의 작용은 줄어들게 되어 있습니다. 그렇게 되어 가교와 완충 기능이 기본 수준으로 떨어지는 단계가 양신입니다. 즉 양신 수련을 시작한다는 것은 영혼백의 가교와 완충이 거의 없어도 외부의 빛을 자연스럽게 받아 낼 수 있는 수준에 이르렀다는 것을 뜻합니다. 그래서 양신 단계에 이르게 되면 영혼백의 작용이 그만큼 줄어들고 양신의 작용이 높아집니다.

¹² 그런데 양신 단계에 이르러서도 꿈이 많다면 영혼백의 작용이 줄어들지 않았다는 것을 뜻합니다. 즉 양신 단계인데도 꿈이 많은 상태가 계속되면 현재 자기 단계에 필요한 광도·밀도·순도의 유지·관리·발전에 다소 간의 문제가 있음을 나타내는 것일 수도 있습니다.

¹³ 완성본자리에 승천한 분들은 자신의 원신과 100 : 100으로 호환·파동·공명하기 때문에 영혼백이 의미가 없습니다. 즉 그 기능과 역할이 최저점으로 떨어지게 되어 있습니다. 그럼에도 꿈을 꾸는 경우가 자주 생긴다면 완성본자리에 승천한 존재에 합당한 광도·밀도·순도가 유지·관리·발전되지 않아서 영혼백의 활성도가 높아져 있음을 뜻하는 것일 수도 있습니다.

¹⁴ 그래서 양신 수련을 시작하거나 도계, 완성본자리에 승천하였는데도 꿈을 자주 꾼다면 다음과 같은 상태일 수도 있음을 스스로 돌아볼 필요가 있습니다.

첫 번째는 신성神性의 등락폭이 너무 큰 상태에 있고, 두 번째는 하루 단위 감정 변화의 굴곡이 심한 상태에 있음을 의미합니다.

¹⁵ 신성이 충만하여 고요할 때는 등락폭이 크지 않습니다. 신성이 본本으로 중심을 잡고 있으면 영혼백의 활성도가 최소화되지만 신성의 등락폭이 너무 크면 영성이 깨어나고 혼魂과 백魄도 함께 깨어나 인성人性까지 활성화됩니다. 그렇게 되면 꿈을 많이 꾸게 됩니다.

¹⁶ 또한 하루에 감정 변화의 굴곡이 심해지면 신성적인 판단·선택·결정이 막연하고 애매하고 모호해지면서 영혼백이 활성화되기 시작합니다. 감정 변화의 폭이 심해지는 것은 신성이 떨어지고 신성체계가 다소 흐트러질 때 나타나는 현상으로 이렇게 되면 인성이 높아지고 인성체계가 다시 작동하면서 영혼백이 활성화되는 것입니다.

¹⁷ 신성이 충만하여 신성으로 본本을 세우면 기본적으로 좋을 때도 담담하고 나쁠 때도 담담합니다. 섭리행의 가치관과 관점에서 필요하다면 때로는 좋을 때도 화를 낼 수 있고, 나쁠 때도 즐거워할 수가 있습니다. 즉 신성으로 본本을 세우면 인간의 삼욕칠정三欲七情으로 표현될 수 있는 여러 모습을 인성에 의한 행行이 아닌, 섭리행으로 자유자재하게 드러내어 용사할 수 있게 되는 것입니다. 이럴 때 영혼백은 더 이상 작동하지 않으며 꿈을 꾸지 않게 됩니다.

¹⁸ 도인무몽 道人無夢이라는 말은 이러한 이치와 원리에서 나왔습니다. 도인은 내면에 여러 상념·잡념·사념이 없기 때문에 영혼백의 작용이 일어나지도 않고 그래서 꿈을 꿀 이유도 없습니다. 도인은 신성을 본本으로 인성을 용사하여 지행합일·언행일치·표리일치·내외일치하기에 영혼백의 가교와 완충 작용으로 걸러낼 것이 없고 그래서 특별한 상황이 아닌 이상 꿈을 꾸지 않는 것입니다.

¹⁹ 따라서 꿈이 많다면 스스로의 광도·밀도·순도가 떨어졌을 수도 있음을 인식하고 자신의 마음과 마음가짐 그리고 실천을 돌아볼 필요가 있는 것입니다. 공부하는 중에 인성적인 욕구가 너무 많아지거나 욕구를 인성적인 방법·방식·방편으로 접근하려 들면 영혼백의 작용이 활성화되는 가운데 내면에 쌓이는 것이 많아지면서 꿈도 함께 많아지고 광도·밀도·순도가 떨어져 그만큼 공부에 장애·방해·걸림이 생깁니다. 그렇게 되면 많은 빛이 들어온다고 해도 내면에 쌓인 것을 정리하는 데 쓰이기 때문에 공부의 효율이 떨어집니다.

²⁰ 그래서 꿈이 많다면 자신의 마음과 마음가짐을 먼저 돌아보면 좋습니다. 희망적이고 긍정적인 마음과 마음가짐으로 수련과 도무, 일상생활에 임하고 있는지 스스로를 돌아보아야 하는 것입니다.

평소 밝고 맑고 찬란한 생각을 많이 하고 희망적이고 긍정적인 가치관과 관점으로 모든 것을 바라보게 되면 상념·잡념·사념이 줄어들고 꿈도 줄어듭니다. 또한 어느 정도 내면에 쌓여서 꿈으로 드러나더라도 부정적이거나 잘못된 가치관과 관점으로 판단하지 않아 점차 좋은 방향으로 흘러가게 됩니다.

21 그리고 전체적인 자기 수련의 흐름과 형국을 돌아봐도 좋습니다. 자신을 있는 그대로 바라보고 직시한 그대로 인지·인식·인정하여 받아들이고, 받아들인 그대로 성찰하고 탐구하여 인과형국·결자해지·해원상생·거악생신을 통한 빛의 거듭남을 이루어 가고 있는지, 그러한 가운데 순수한 마음과 마음가짐으로 진법체득한 도심을 갖추어 스스로를 정화·순화·승화하고 주변과 조화·상생·상합하여 지행합일·언행일치·표리일치·내외일치를 통해 눈빛·표정·자세·단어·용어·문장·말·말투·행동과 같은 작고 소소한 것에서부터 섭리행을 자연스럽게 실천하고 있는지, 스스로 돌이켜 볼 필요가 있습니다.

22 이렇게 해서 늘 차분하고 침착하고 무심하게 공부에 임할 수 있도록 끊임없이 시도하고 시도하여 정진하다 보면 자연스럽게 자신의 정기신이 충만해지고 자기 정기신의 빛이 가진 광도·밀도·순

도가 자기 공부 계제에 맞게 상승·확장·발전되어 영혼백의 작용은 최소화되면서 꿈은 줄어들고 점차 공부의 길이 열리게 됩니다. 석문인들은 이 점을 염두에 두어 순수하고 순일한 마음과 마음가짐에 따른 도심으로 항상 자신의 광도·밀도·순도를 유지·관리·발전할 수 있으면 참 좋겠습니다.

한조님말씀 29

桓紀 27年 1月 13日
(2015. 3. 3)

한기 27년, 석문인의 공부를 위한 조언

1. 한기 27년을 맞아 많은 분들이 일념정진, 용맹정진의 마음과 마음가짐으로 공부에 임하고 있습니다. 이렇게 열심히 공부하는 가운데 지키면 좋은 불문율이 있습니다. 공부를 열심히 해야겠다는 마음이 일어나는 만큼 내려놓을 수 있어야 한다는 것입니다.

2. 공부의 과정에서 집중과 집착은 종이 한 장의 차이지만, 그 결과는 하늘과 땅의 차이를 만들기도 합니다. 순수하고 순일한 집중은 공부의 효율을 극대화시키지만 집착은 장애·방해·걸림을 만들어 공부의 효율을 떨어뜨립니다. 그래서 공부를 열심히 하려는 만큼 늘 내려놓아야 합니다.

3. 방금 전까지 공부가 잘되었어도 공부가 잘되지 않았어도, 방금 전까지 공부가 명료하였어도 공부가 막연하고 애매하고 모호하였어도, 수련을 다시 시작할 때는 언제나 처음 시작한다는 마음과 마음가짐으로 최대한 내려놓으면 공부의 효율성을 높일 수 있습니다. 이전 공부의 흐름과 형국이 좋다고 해서 마음이 들뜨거나, 좋지 않다고 해서 실망하거나, 좋지도 나쁘지도 않다 해서 여러 의문이 일어난다 해도, 일단 수련에 임하면 모두 내려놓고 차분하고 침착하

고 무심하게 몰입할 수 있어야 합니다.

4 물이 아무리 맑아도 바람이 많아 고요하지 않다면 호수의 바닥을 투명하게 볼 수 없습니다. 지금까지 자신을 부단히 갈고 닦아 놓았다 해도 수련하는 그 순간, 이루고자 하는 것에 집착하게 되면, 마치 물이 바람에 흔들려서 호수의 바닥을 볼 수 없는 것처럼 보고자 하는 것을 제대로 볼 수 없게 됩니다. 그래서 차분하고 침착하고 무심하게 있는 그대로의 순수하고 순일한 마음과 마음가짐으로 공부에 들어가야 하는 것입니다.

5 자신을 차분하고 침착하고 무심하게 만들려면 스스로의 정기신을 충만하게 만들면 됩니다. 충만한 정기신으로 그만큼 빛과 힘, 가치를 나투고 밝히고 나누게 되면 수련에 임하는 자신을 안정시키고 차분하고 침착하고 무심하게 몰입할 수 있게 해 줍니다.

정기신을 충만하게 만드는 방법·방식·방편 중 가장 중요한 하나는 운기수련 運氣修練입니다. 각 경락 經絡의 광도·밀도·순도가 일정 수준 이상으로 지속되면 정기신이 빛을 발하기 시작합니다. 계속해서 경락이 시원하다는 느낌이 들 정도로 운기를 하면 정기신의 충만도가 매우 높아집니다. 이 충만도가 지속되도록 계속 운기를 하게 되면 어느 순간부터 시원하다는 느낌이 무던해질 정도가 됩니다. 정기신의 충만함이 일상화되는 수준에 이르는 것입니다. 매번 그렇게 되지 않더라도 자신이 할 수 있는 만큼 경락을 운기하여 광도·밀도·순도를 일정 수준 이상으로 높여 두게 되면 스스로의 정기신이 충만해지고, 수련 시에 차분하고 침착하고 무심하게 공부에 임할 수 있게 됩니다.

6 차분하고 침착하고 무심하게 공부하기 위한 중요한 방법을 하나 더 살펴보면, 평소에 자신을 있는 그대로 보고 그에 따라 공부의 목적과 목표, 방향성을 잡고 실천할 필요가 있다는 점을 들 수 있습니다. 이를 세부적으로 이해하기 위해 다음의 과정과 절차로 나누어 살펴볼 수 있습니다.

첫 번째, 자신을 있는 그대로 봅니다. '얼마만큼 직접·적극·능동적으로 신속하고 세밀하고 참되게 자신을 볼 수 있는가?'에 따라 공부의 시작과 과정, 결과가 어느 정도 객관적 효율성을 가질 수 있는지가 결정될 수 있습니다. 그래서 있는 그대로 보는 것이 중요합니다. 그런데 여기에는 상당한 지혜와 안목 그리고 정성과 노력이 필요합니다. 자신을 있는 그대로 본다는 것은 하루아침에 이루어지는 것이 아니기 때문입니다. 그래서 자기 자신을 있는 그대로 보려면 늘 깨어 있는 가운데 항상 시도하고 시도하고, 노력하고 노력해야 한다고 말하는 것입니다.

두 번째, 있는 그대로 본 것을 인지·인식·인정합니다. 스스로가 본 자신을 인지하고 인식해서 인정해야 변화가 시작될 수 있습니다. 인지하게 되면 무엇을 변화시켜야 할지 알 수 있게 됩니다. 인식하게 되면 변화의 명확한 방향성을 잡을 수 있게 됩니다. 그리고 그것을 인정하게 되면 해당하는 부분을 변화시킬 수 있는 내력內力이 생기게 됩니다.

만약 인지하지 못하면 무엇을 바꾸어야 할지 아예 가늠하기조차 힘들어집니다. 인지는 해도 인식하지 못한다면 막연하고 애매하고 모호해서 변화의 명확한 방향성을 잡지 못합니다. 인지, 인식해도 인정하지 못하면 변화시킬 수 있는 내력을 얻지 못합니다. 즉 인정을 해야 자신의 마음과 마음가짐에서 변화의 개연성이 열리기 시작하는 것입니다.

인지·인식·인정의 과정이 잘 이루어지지 않는다면 공부가 답보됩니다. 즉 공부의 기초적인 흐름과 형국만 지속되게 하고, 계속해서 투영화역사에 의한 투명화현상을 통해 자신의 모습을 있는 그대로 볼 수 있도록 합니다.

세 번째, 인지·인식·인정한 것을 받아들입니다. 인지·인식·인정했다면 받아들이면 됩니다. 마음을 활짝 열고 받아들이면 변화하려는 부분을 더 깊고 넓게 이해하고 접근할 수 있습니다. 만약 인정하고 나서도 받아들이지 않는다면, 스스로 직시하고 자신의 상태를 인정해도 마치 타인의 일처럼 거리를 두게 되어 스스로 변화하기가 힘들어집니다. 따라서 인지·인식·인정을 했다면 반드시 받아들이는 과정이 필요합니다.

네 번째, 성찰하고 탐구합니다. 받아들였다면 자신의 변화를 이루기 위해 어떤 방법·방식·방편을 쓸 것인지 스스로 성찰하고 탐구해야 합니다. 자신의 문제를 얼마만큼 성찰하고 탐구해서 어떤 방법·방식·방편으로 풀어 가느냐에 따라 변화의 객관적 효율성이 결정될 수 있습니다. 그래서 성찰과 탐구의 과정이 반드시 필요합니다.

다섯 번째, 실천합니다. 성찰하고 탐구하여 판단·선택·결정한 방법·방식·방편을 통해 꾸준하고 지속적으로 스스로를 갈고 닦아 절차탁마하다 보면 어느 순간 변화하고자 한 부분을 체득·체험·체감하여 자신의 것으로 만들 수 있게 됩니다.

만약 실천하지 않으면 처음으로 되돌아가게 됩니다. 실천하여 변화하려는 정성과 노력이 없다면 변화할 수 없을 뿐만 아니라 그 전에 이루어 놓은 것까지 마음속에서 점점 멀어져 부지불식간에 점차 막연하고 애매하고 모호하게 되어 신기루처럼 사라지게 되는 것입니다. 그래서 상승·확장·발전의 실질성은 물론이며, 공부의 연속성을 유지하기 위해서라도 반드시 실천이 필요합니다.

7 이러한 다섯 가지 과정은 모두 꾸준히 지속되어야 합니다. 그렇게 할 때 공부의 객관적 효율성이 더 높아져 상승·확장·발전의 개연성이 더욱 크게 열리게 됩니다. 지속성을 갖추려면 자신에 대한 확신감과 자신감이 중요합니다. 자신에 대한 확신감과 자신감은 체득·체험·체감에서 나옵니다. 즉 '얼마만큼 정확하고 명확하고 확고하게 지속할 수 있는가'는 자신에 대한 확신감과 자신감에서 비롯되고, 이러한 확신감과 자신감은 스스로 끊임없이 시도하고 노력한 끝에 얻은 체득·체험·체감에서 나오는 것입니다. 수없이 많은 체득·체험·체감을 하게 되면 생명력이 높아지고, 생명력이 높아지면 도법의 실질성이 자신의 정기신으로 체화되어 스스로 확인할 수 있게 되고 확신감과 자신감이 자연스럽게 높아질 수밖에 없습니다.

이렇게 확신감과 자신감이 높아지면 다른 것을 시도하고 노력하는 지속성이 생기고 이를 통해 새로운 부분을 체득·체험·체감할 수 있게 되어 또 다른 공부를 자신의 정기신으로 체화하고 확인하는 선순환善循環을 이루게 됩니다. 그래서 공부의 시작과 과정과 끝은 끊임없이 시도하고 노력하여 체득·체험·체감하는 것이라고 말하기도 합니다.

8 체득·체험·체감의 과정은 확신감과 자신감을 만들 뿐만 아니라 자기믿음을 만듭니다. 확신감과 자신감이 쌓이다 보면 자연스럽게 자기믿음이 생길 수밖에 없습니다. 이러한 자기믿음에는 세 가지 유형이 있습니다. 선제적先制的 믿음과 과정적科程的 믿음 그리고 결과적結果的 믿음입니다.

9 선제적 믿음은 무엇을 하기 이전에 믿음을 가지고 시작하는 것을 말합니다. 과정적 믿음은 시도하는 과정 중에 체득·체험·체감한 것을 통해서 형성되는 믿음입니다. 그리고 결과적 믿음은 노력의 결실에 의해서 형성된 믿음을 말합니다.

10 선제적 믿음이 없다면 어떤 것에 정성과 노력을 들이기가 힘듭니다. 어느 정도의 믿음이 있어야 그것을 얻기 위해 시도하게 되는

것입니다. 사실 선제적 믿음도 체득·체험·체감을 바탕으로 합니다. 이전에 지금 하고자 하는 공부와 비슷한 공부를 시도해서 생긴 체득·체험·체감을 바탕으로 하기에 선제적 믿음이 형성될 수 있는 것입니다. 과정적 믿음은 과정 중의 체득·체험·체감을 통해 믿음이 자연스럽게 형성되는 것이며, 결과적 믿음도 정성과 노력을 통해 얻게 되는 체득·체험·체감의 결실을 최종적으로 확인하여 형성되는 것입니다. 그러므로 선제적 믿음, 과정적 믿음 그리고 결과적 믿음 모두 체득·체험·체감의 결과물이라 해도 과언이 아닙니다.

11 이렇게 공부에 있어서 매우 중요한 과정인 체득·체험·체감이 꾸준하게 지속되려면 마음과 마음가짐을 순수하고 순일하게 하여 작고 소소한 부분의 의식·인식·습관부터 '희망적希望的'이고 '긍정적肯定的'으로 만들어 가는 실천이 필요합니다. 왜 희망과 긍정이 체득·체험·체감을 꾸준히 지속하게 하는 바탕이 되는지 살펴보겠습니다.

12 희망과 긍정은 꿈에서 나옵니다. 어떤 꿈을 어떻게 설계하느냐에 따라서 그 다음 과정이 그만큼 실질성을 갖게 되어 구체적인 희망을 품을 수 있게 됩니다. 구체적인 희망이 생기면 그 자체가 긍정

적인 마음과 마음가짐을 일어나게 합니다. 긍정성이 일어나면 그것이 곧 열정을 통한 의지를 불러일으킵니다. 그리고 의지가 일어나는 만큼 자기가 꿈꾸고 희망하는 것에 대한 체득·체험·체감을 지속적으로 만들어 나갈 수 있게 됩니다. 결국 희망과 긍정이 많으면 많을수록 그만큼 시도하고 노력하게 되고, 시도하고 노력한 만큼 꾸준하고 지속적인 체득·체험·체감이 쌓이게 되는 것입니다.

[13] 이러한 전체 과정을 요약하여 이야기하면 다음과 같습니다. 차분하고 침착하고 무심하게 공부를 하려면, 평소에 순수하고 순일한 마음과 마음가짐으로 자신에 대한 확신감과 자신감으로 자기 자신과 주변을 조정·중재·조화하여 지행합일·언행일치·표리일치·내외일치하는 가운데 꿈·희망·긍정·열정을 가지고 작고 소소한 일에서부터 실천하여 꾸준하고 지속적으로 도법의 실질성을 체득·체험·체감해 나갈 필요가 있습니다.

그렇게 체득·체험·체감을 쌓아가게 되면 확신감과 자신감을 바탕으로 한 자기믿음이 일어나 자기 자신을 있는 그대로 바라보고, 바라본 그대로 인지·인식·인정하고, 인지·인식·인정한 그대로 받아들이고, 받아들인 그대로 성찰하고 탐구하여 잘하는 것은 더 잘할 수 있도록 꾸준하고 지속적으로 실천하고, 부족한 것은 그것을 극복하고 뛰어넘을 수 있도록 꾸준하고 지속적으로 실천함으로써 인과형국·결자해지·해원상생·거악생신을 바탕으로 정화·순화·승화와 조화·상생·상합을 통한 빛의 거듭남을 이루게 됩니다.

14 이렇게 순수하고 순일한 마음과 마음가짐으로 노력할 때 염두에 두어야 할 중요한 사실이 하나 있습니다. 순수하고 순일한 마음과 마음가짐이라 해도 그 안에는 '섭리의 진리적 사실에 대한 지향성'을 가지고 있어야 한다는 점입니다. 다시 말해 순수하고 순일한 마음과 마음가짐 속에는 반드시 도심이 자리 잡고 있어야 한다는 뜻입니다.

15 일반 사람들도 순수하고 순일한 마음과 마음가짐으로 무엇인가를 실천할 수 있습니다. 하지만 하늘에 승천하기 위해 수도를 하는 석문인들은 반드시 순수하고 순일한 마음과 마음가짐으로 도심을 형성하여 실천할 때 공부에 진전이 있게 됩니다.

여기서 도심이란 '순수한 마음과 마음가짐으로 석문도법에 의한 석문사상, 석문도담, 석문호흡을 체득·체험·체감하여 인지·인식·인정하는 가운데 받아들인 섭리의 진리적 사실을 정기신의 빛과 힘, 가치로 녹여내어 나투고 밝히고 나눌 수 있는 것'이라 할 수 있습니다. 요약하면 '섭리의 진리적 사실을 얼마나 품고 있느냐'가 곧 도심입니다.

16 사실 공부에 왕도王道란 것이 없기에 순수하고 순일한 마음과 마음가짐으로 많은 것을 실천했을 때 가장 좋지만, 그렇게 실천할 수 있는 정도는 각자의 단계마다 다릅니다. 평범한 수준에서 그에 맞는 정도로 할 수도 있고, 수도자의 수준에서 그에 맞는 정도로 할 수도 있으며, 또 도인의 수준에 합당한 정도로 할 수도 있습니다. 결국 자신의 공부 계제에 따라 도심을 품는 정도가 달라진다는 뜻입니다.

또한 섭리의 진리적 사실을 얼마나 품고 있느냐에 따라 순수하고 순일한 마음과 마음가짐으로 실천할 수 있는 빛과 힘, 가치의 정도가 달라진다는 뜻이기도 합니다. 그래서 그 단계에 합당한 도심을 품고 실천할 수 있을 때 그 단계 공부에 합당한 효율성이 일어나게 되는 것입니다.

17 이러한 도심은 머리로만 인식하고 있으면 안 됩니다. 체득·체험·체감을 통한 실천으로 체화되어 있어야 합니다. 다시 말하면 의

식·인식·습관이 하나가 되어서 섭리의 진리적 사실을 품고 있어야 합니다. 정신·감정·행동이 하나가 되어서 섭리의 진리적 사실을 품고 있어야 합니다. 정기신이 하나가 되어서 섭리의 진리적 사실을 품고 있어야 하는 것입니다. 그래서 석문도법에 의한 석문사상, 석문도담, 석문호흡을 '정기신 삼수법精氣神三修法'이라고 합니다.

18 결국 석문인의 삶이란 수도하는 가운데 체득·체험·체감하여 깨우치고 인식한 그대로 실천하며 살아가는 것을 말합니다. 이렇게 섭리의 진리적 사실을 품고 그만큼 지행합일·언행일치·표리일치·내외일치하여 나투고 밝히고 나누며 살아가는 자체를 섭리행이라고 말합니다.

19 이러한 섭리행을 포괄적 관점에서 이야기하면 다음의 세 가지로 말할 수 있습니다.

첫 번째는 일반인의 삶에서 섭리행을 하는 것입니다. 현재의 일상 안에서 자기 존재성과 존재가치의 빛과 힘, 가치에 합당하게 살아가는 삶을 말합니다. 일반인들도 자신이 인식하고 있는 수준에서 섭리행을 하며 살아갈 수 있습니다.

두 번째는 도道를 닦아 가는 수도자의 삶에서 섭리행을 하는 것입니다. 이것은 자신의 근본을 찾아가는 가운데 그 과정의 빛과 힘, 가치에 합당하게 살아가는 삶을 말합니다.

세 번째는 도인으로서 섭리행을 하는 것입니다. 도인의 섭리행은 두 가지로, 하나는 아직 완성본자리에 승천하지 않았지만 이천도계 이상 도道의 진리적 세계를 체득·체험·체감해 가는 가운데 그러한 빛과 힘, 가치에 합당하게 살아가는 삶을 말합니다. 다른 하나는 완성본자리에 승천한 도인으로서 자신의 근본을 찾고 난 후 그러한 빛과 힘, 가치에 합당하게 살아가는 삶을 말합니다.

20 도심은 섭리행으로 드러나기도 하고, 섭리행이 도심을 만들기도 합니다. 그래서 석문도법에 의한 석문사상, 석문도담, 석문호흡을 통해 하늘에 승천하고자 하는 석문인들은 도道를 닦아 가는 수도자의 삶 혹은 도인으로서의 삶에 합당한 섭리행을 해 나가면 좋습니다.

21 그렇게 섭리의 진리적 사실이 깃든 도심을 바탕에 두고 순수하고 순일한 마음과 마음가짐으로 자신에 대한 확신과 자신감으로 자신과 주변을 조정·중재·조화하여 지행합일·언행일치·표리일

치·내외일치하는 가운데 꿈·희망·긍정·열정을 가지고 작고 소소한 일에서부터 실천하여 체득·체험·체감을 꾸준히 쌓아 가다 보면 자기믿음이 생기고, 자기믿음을 통해 자신을 있는 그대로 바라보고, 바라본 그대로 인지·인식·인정하고, 인지·인식·인정한 그대로 받아들이고, 받아들인 그대로 성찰하고 탐구하여, 잘하는 것은 더 잘할 수 있도록, 부족한 것은 극복하고 뛰어넘을 수 있게 꾸준하고 지속적으로 실천하면 인과형국·결자해지·해원상생·거악생신을 바탕으로 하여 정화·순화·승화와 조화·상생·상합을 통한 빛의 거듭남을 이루게 됩니다.

공부하기 좋고, 도道를 펼치기 좋은 한기 27년부터 석문인들은 이 점을 염두에 두고 일념정진, 용맹정진하여 공부에 큰 진전이 있기를 바랍니다.

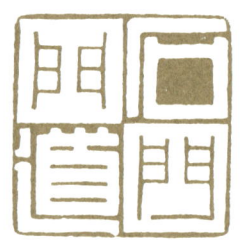

같이 함께 더불어

석문도문

한조님말씀 30

桓紀 27年 1月 13日
(2015. 3. 3)

점검에 대한 점검자와 수련자의 마음과 마음가짐

1 점검을 기본적인 수준 이상으로 하기 위해서는 다음 사항을 알아두면 도움이 됩니다.

2 먼저 창조섭리創造攝理를 알아야 합니다. 창조주 하나님이 왜 이 태공을 창조했는지, 태공 안에 왜 대우주를 열어 인간을 창조했는지 그리고 그 시작과 과정, 끝의 기본 맥脈이 어떻게 흐르는지, 그렇게 되기 위하여 창조주 하나님이 어떤 지향성을 가지고 있는지, 그러한 창조의 거시적인 개념에 대한 기본 내용을 알고 있어야 합니다. 특히 완성도인完成道人들은 이러한 부분을 인지·인식·인정하고 그것을 대전제로 하여 점검할 수 있어야 합니다.

3 이러한 대전제를 바탕으로 하여 첫 번째, 점검받는 수련자의 현재 수련 흐름과 형국을 알면 좋습니다. 지금 상승의 흐름을 타고 있는지, 하강의 흐름을 타고 있는지 알아야 한다는 것입니다. 상승의 흐름이라면 지속적으로 유지·관리·발전시켜 수련자가 더 크게 상승·확장·발전할 수 있도록 잘하는 부분은 북돋워 주고, 부족한 부분은 보완할 수 있도록 지로하면 좋습니다. 하강의 흐름이라면 이러한 이유와 원인을 해소할 수 있도록 하여, 하강 때 나타날 수

있는 반대급부反對給付를 최소화시켜 반등反騰의 흐름과 형국을 만들 수 있게 하면 좋습니다.

두 번째, 점검받는 수련자의 시운을 알면 좋습니다. 시운을 알게 되면 눈에 드러나는 흐름과 형국뿐만 아니라 과거, 현재, 미래의 흐름과 형국을 통합적으로 보는 가치관과 관점 하에서 공부를 지로指路할 수 있습니다. 예를 들어 지금 가시적으로 드러나는 공부의 흐름과 형국이 있다 하더라도 대상자의 과거, 현재, 미래 시운이 어떠한가에 따라 그에 적절한 교수법敎授法을 판단·선택·결정할 수 있습니다. 시운을 알게 되면 공부의 객관적 효율성을 극대화할 수 있는 쪽으로 공부의 방향을 제시할 수 있기에 공부의 흐름과 형국을 긍정적인 쪽으로 보다 수월하게 유도할 수 있게 됩니다.

세 번째, 점검받는 수련자의 성장 과정과 지금까지의 교육 환경을 알면 좋습니다. 어떻게 성장했고 어떤 교육 환경에 있었는지 알게 되면, 현재의 의식·인식·습관이 형성된 구체적인 흐름과 형국을 알게 되어 점검을 운용하여 용사하는 폭이 넓어집니다. 점검 대상자에게 적용할 수 있는 다양한 방법·방식·방편 중에 어떤 것이 현실적인 효율성을 실질적으로 극대화시킬 수 있는지 판단·선택·결정하여 제시할 수 있는 것입니다. 또한 그런 연장선상에서 점검받는 수련자에게 투영화역사에 의한 투명화현상이 일어날 때 어떤 의식·인식·습관의 형태로 드러나게 될 것인지 예측할 수 있어 사전에 준비하고 대비할 수 있는 지로가 가능해집니다.

4 이런 것을 알고 이해한 상태에서 점검의 중심과 테두리를 명료하게 잡고 역지사지易地思之하는 마음과 마음가짐으로 점검을 하면 좋습니다. 즉 점검을 할 때 자신의 가치관과 관점에서 상대의 이야기를 듣는 것이 기본이지만, 상대의 가치관과 관점에서 상대의 이야기를 듣는 것도 반드시 필요합니다. 자신의 가치관과 관점에서 상대의 이야기를 듣게 되면 점검자가 지금껏 공부하고 체득·체험·체감한 점검의 가치관과 관점을 통해 상대의 현 상태를 확인하고 이야기해 줄 수 있습니다. 이에 더해 상대의 가치관과 관점에서 상대의 이야기를 들을 수 있다면 그에 맞는 해법解法을 제시할 수 있게 됩니다. 즉 점검자가 상대의 지난 과정을 인정·존중·배려해서 교류·공감·소통을 일으켜 같이 함께 더불어 하는 가운데 당사자의 입장이 되어 이야기를 듣게 되면 실질적으로 공부에 도움이 되는 길이 다양하게 열릴 수 있는 것입니다.

5 점검에 따른 지로도 동일합니다. 지로의 중심을 갖되 도반의 입장에서 그 중심을 녹여 낼 수 있도록 역지사지해서 지로를 하게 되

면 그 효율이 극대화될 수 있습니다. 앞서 설명하였듯이 지로를 하는 나의 시야뿐만 아니라 상대의 시야도 포괄하기 때문입니다. 그래서 점검이나 지로를 하는 사람이 배운다는 마음과 마음가짐으로 임하게 되면 공부에 제법 좋은 결과를 얻게 되는 경우가 적지 않다고 이야기하는 것입니다. 즉 역지사지해서 점검하고 지로하면 법칙法則 안의 법칙이 보이게 됩니다.

지로의 중심과 테두리가 되는 법칙 안에서 역지사지를 통해 지로 받는 사람의 입장을 고려하고 안배할 수 있는 법칙이 보이게 되고, 그것을 용사할 수 있게 되는 것입니다. 그러한 체득·체험·체감이 꾸준히 쌓이다 보면 도道를 전한다는 것이 무엇인지 더 크고 깊게 깨닫게 되고, 언어로 형용하기 힘든 실전에서만 얻을 수 있는 자신감이 생기기도 합니다.

6 점검이나 지로를 받는 수련자도 동일합니다. 점검이나 지로를 받는 자신의 입장만 생각하지 말고 점검자나 지로사의 입장을 역지사지해 볼 수 있다면 공부에 많은 도움이 될 것입니다.

즉 가르치는 사람은 가르치고 이끌어 주는 사람으로서의 마음과 마음가짐을 가지고, 배우는 사람은 배우고 익히려는 사람으로서의 마음과 마음가짐이 있을 때 공부를 가르치고 배우는 효율이 상호 간에 높아집니다.

그래서 우리가 도道를 전하는 것을 '지도指導'라고 표현하기보다 '지로指路'라고 표현하는 것입니다. 길을 가리키고, 가는 방법·방식·방편을 가르치지만, 알려준 대로 갈 것인가는 공부하는 당사자의 몫이 되는 것입니다.

7 이렇게 점검하고 지로하는 석문인은 여유와 넉넉함을 가지면 좋습니다. 그래야 굳이 힘들게 끌고 가듯이 점검하고 지로하지 않고 여유롭고 넉넉한 가운데 자연스러운 흐름과 형국으로 모든 존재들이 자신의 개체의지로 가야 할 목적지에 안정적으로 갈 수 있도록 같이 함께 더불어 할 수 있기 때문입니다.

8 물 흐르듯 자연스럽게 공부를 점검하고 지로하고, 공부를 배우는 관계는 하루 이틀 만에 형성되지 않습니다. 수없이 긴 시간 동안 서로 신뢰를 쌓아야 가능한 것입니다. 같이 함께 더불어 하는 것이 중요하다고 이야기하는 이유 중 하나가 바로 여기에 있습니다. 즉 도법의 생명력을 일맥·일관·일통하는 가운데 호환·파동·공명하고, 그렇게 살아가는 삶을 긴 시간 속에서 동고동락, 동병상련하여

같이 함께 더불어 함으로써 가르치는 사람은 배우는 사람을, 배우는 사람은 가르치는 사람을 여유롭고 넉넉한 가운데 서로 인정·존중·배려하여 꾸준히 교류·공감·소통하다 보면 자연스럽게 신뢰가 쌓이게 되는 것입니다. 그래서 긴 시간 동안 이렇게 관계의 충만함을 쌓아 나가는 석문인들은 기본적으로 늘 여유와 넉넉함을 가지고 있습니다.

9 사실 부지런하고 성실하면서도 여유와 넉넉함을 가질 수 있는 마음과 마음가짐은 실질적인 지로의 현장에서 매우 중요한 덕목입니다. 여유와 넉넉함이 없다면 자칫 공부의 지로가 부지불식간에 주입과 강압의 형식으로만 진행될 수 있기 때문입니다. 공부에는 긴 설명과 많은 가르침이 필요하지만 꼭 그것만이 능사能事가 아닙니다. 짧은 설명과 간결한 가르침이 더 좋은 효율을 낳을 때도 있습니다. 때에 따라 공부의 어려움을 알게 할 필요도 있는 것입니다. 그러나 그것도 꼭 능사는 아닙니다. 이처럼 공부의 지로는 지로받는 수련자의 흐름과 형국, 여러 환경과 여건에 따라 그에 맞게 최고의 효율을 내는 방향으로 자유자재할 수 있으면 좋습니다.

10 이렇게 여유와 넉넉함에서 나오는 자유자재함을 극대화시키면서도 안정성을 가지려면 중도에 의한 중용의 빛과 힘, 가치를 알면

좋습니다. 스스로의 중심이 수직으로 명료하게 서 있는 만큼 자신이 체득·체험·체감한 광대역의 수평적 폭을 자신의 것으로 체화해 내고, 그것을 운용하는 가운데 중도를 알게 되고, 중용의 자세를 가질 수 있기 때문입니다. 그러한 가치관과 관점에서 보면 점검과 지로 또한 자신을 있는 그대로 보는 마음과 마음가짐에서 시작하는 것이 중요합니다.

즉 자신을 있는 그대로 보는 것을 통해 스스로가 체득·체험·체감한 본本이 어떤 것인지를 명료하게 인식하고, 그것을 바탕으로 현재 자기 수준에서 체득하고 깨우쳐 인식한 만큼 중심을 잡고 테두리를 설정함으로써 자신이 할 수 있는 점검과 지로의 맥脈을 관념이 아닌 실질성을 가지고 잡아 나갈 수 있는 것입니다.

11 창조섭리의 중요한 핵심 중 하나는 존재의 개체의지를 인정·존중·배려하는 것입니다. 점검과 지로에도 이것이 녹아 들어가면 그 빛과 힘, 가치를 더 크고 환하게 나투고 밝히고 나눌 수 있게 됩니다. 즉 천지인 섭리·율법·법도에 입각하여 그에 합당한 기준원칙성·균형형평성·기회균등성·과정절차성·의식공유성·등가비례성·입체통합성·희망긍정성·변화발전성·인정배려성·체계논리성·조화광명성에 의해 있는 그대로 순수하고 순일한 마음과 마음

가짐으로 서로를 인정·존중·배려하여 교류·공감·소통하는 가운데 공부하는 사람이 자신의 개체의지를 발휘해서 주체·주도·자율성을 형성하여 하늘의 빛과 힘, 가치를 있는 그대로 받아들일 수 있도록 해야 합니다.

[12] 그렇게 점검과 지로를 했을 때 각 존재들이 자신의 존재성과 존재가치에 대한 자기믿음과 의지, 정성과 노력을 들여서 명확한 정체성을 바탕으로 한 확고한 주인의식을 가지고 올곧은 자기중심을 세우는 가운데 물처럼 유연함을 갖추게 되어 천지인 섭리·율법·법도에 입각하여 그에 합당하게 '할 수 있는 것과 할 수 없는 것, 해도 되는 것과 해서는 안 되는 것'에 대해서 스스로 조정·중재·조화하고 판단·선택·결정하여 자기 공부를 열어 나갈 수 있게 됩니다. 점검자와 지로사는 물론, 점검과 지로를 받는 수련자들도 이러한 점을 염두에 두고 자기 공부와 점검, 지로에 임하면 좋은 결과를 얻을 수 있을 것입니다.

같이 함께 더불어

석문도문

한조님말씀 31

桓紀 27年 1月 15日
(2015. 3. 5)

근본 존재성의 차이에 따른 공부과정과 절차

¹ 근본根本이 신神인 존재가 석문도법을 통해 다시 하늘에 승천하여 자신의 자리를 찾는 과정과 절차는 순수인간행성인 포함이 석문도법을 통해 하늘에 승천하는 과정과 절차에 비교했을 때 적지 않은 부분에 차이가 있습니다. 이것을 명료하고 세밀하게 알기 위해서는 먼저 양신 공부를 통해 하늘에 승천하는 과정과 절차가 어떠한지 살펴볼 필요가 있습니다.

² 본래 인간이 태어날 때는 그 존재성과 존재가치에 합당한 신성과 신성체계, 즉 의식과 의식체계정기신 정기신체계|마음과 마음체계를 부여받은 하늘의 빛이 정자와 난자가 결합될 때 그 안으로 들어가게 되면서 의식과 의식체계를 가지게 됩니다.

그러한 의식과 의식체계²⁾는 정자와 난자가 결합한 후 분화分化되어 형체를 만들 때 본·체·용本体用의 세 가지 빛으로 나누어지게 됩니다. 그렇게 하여 인간이 되면 신성과 신성체계의식과 의식체계는

---

2) 의식과 의식체계에는 신성적인 의식과 의식체계인 신성과 신성체계가 있고, 영성적인 의식과 의식체계인 영성과 영성체계가 있으며, 인성적인 의식과 의식체계인 인성과 인성체계가 있다.

신神|상주|영靈|정신 · 기氣|중주|혼魂|감정 · 정精|하주|백魄|행동(육신)으로, 하나에서 셋으로 나뉘어져서 운용됩니다.

³ 인간은 성장하면서 신성神性이 내재되고, 그 다음 영성靈性이 내재되어 인성人性을 주主로 하여 살아가게 됩니다.³⁾

그렇게 신성과 영성이 기초적인 부분만 운용되고 인성을 주主로 한 삶을 살아가다가 석문도법을 만나 석문호흡수련을 하게 되면 하주下珠가 먼저 깨어나게 됩니다.

⁴ 이렇게 하주가 깨어나면 신성과 신성체계의 본·체·용本体用 중 용用의 영역과 그와 관련된 영역이 운용되기 시작합니다. 석문도법의 석문호흡수련은 와식臥息에서 온양溫養까지의 공부에서 신성과 신성체계의 본·체·용本体用 중에 용用의 영역, 즉 하주의 빛과 힘, 가치를 깨워 내기 때문입니다.

석문도법을 만나기 이전에는 유형적有形的인 육신 중심의 인성과

---

3) 여기에서 내재되었다는 말은 금제禁制·봉인封印·결계結界가 되었음을 뜻한다. 금제·봉인·결계가 되었다는 것은 곧 특정 조건하에 금제가 해제되고 봉인이 열리고 결계가 풀려 깨어날 수 있다는 것을 의미한다.

인성체계를 용사하는 삶을 살아왔지만, 석문도법을 만나 와식에서 온양까지의 수련을 통해 하주의 빛과 힘, 가치를 깨워 내어 무형적無形的인 신성 중심의 신성과 신성체계를 용사하는 삶을 살기 시작하는 것입니다.

다시 말해 신성과 신성체계의 본·체·용 本体用 중에 용用의 영역을 깨워 내고 안착시켜서 인간의 본질적인 빛과 힘, 가치가 운용될 수 있게 하는 것입니다. 이렇게 되면 양신 수련 시에 육신에서 의식체意識體|의식과 의식체계가 쉽게 분리됩니다.

육신 중심의 인성과 인성체계가 아닌 신성 중심의 본질적인 빛과 힘, 가치를 운용할 수 있는 신성과 신성체계에 바탕을 둔 용用의 영역이 깨어나 활성화되기 때문에 쉽게 분리되는 것입니다.

5 그리고 대주천 大周天에서 채약採藥까지의 수련은 중주中珠를 깨워 냅니다. 신성과 신성체계의 본·체·용 本体用 중 체体의 영역과 그에 관련된 영역이 운용될 수 있도록 중주를 깨워 내는 것입니다.

채약 이후 기화신氣化神부터는 상주上珠를 깨워 냅니다. 신성과 신성체계의 본·체·용 本体用 중 본本의 영역과 그에 관련된 영역이 운용되게 할 수 있도록 상주를 깨워 내는 것입니다.

6 그렇게 삼주三珠를 깨워 내게 되면 본·체·용本体用으로 나누어졌던 신성과 신성체계가 본래대로 하나의 빛과 힘, 가치를 발휘하기 시작합니다. 세 여의주如意珠가 일맥·일관·일통으로 호환·파동·공명하여 삼원삼광三圓三光이 삼원일광三圓一光, 일원일광一圓一光이 되어 하나의 빛과 힘, 가치로 작용하는 것입니다.

7 이후 양신 수련을 시작하면 하늘이 도광신력道光神力을 내려줍니다. 이러한 도광신력은 크게 여섯 가지의 빛과 힘, 가치를 발휘합니다.

첫째, 도광신력은 수련자의 호흡을 부드럽고 충만하고 고요하게 해 주어 심신을 최대한 이완시켜 주며 의식과 의식체계를 간단·간결·단순화시켜 집중력을 높여 줍니다.

둘째, 도광신력은 정기신의 광도·밀도·순도를 일정한 상태 이상으로 정화·순화·승화, 조화·상생·상합이 되게 하여 정기신 삼주를 삼원삼광, 삼원일광, 일원일광이 되게 합니다. 그리하여 세 개의 여의주가 하나의 빛과 힘, 가치를 발휘할 수 있게 합니다.

이 과정에서 장애·방해·걸림이 있다면 도광신력은 먼저 그것을 정화·순화·승화, 조화·상생·상합시킵니다. 예를 들어 생각이나 감정이 많은 경우 상주와 중주가 육신에 정화·순화·승화, 조화·상생·상합의 작용을 하게 되는데, 그렇게 되면 세 개의 여의주가 삼원삼광, 삼원일광, 일원일광이 되지 못하여 하나의 빛과 힘, 가치를 발휘하지 못하기 때문에 의식체가 육신에서 잘 분리되지 않습니다.

상주, 중주, 하주 모두가 육신에 작용하여 의식체가 잘 분리되지 않으면 몰입 자체가 되지 않습니다. 상주, 중주, 하주 중 두 개가 육신에 작용하여 의식체가 잘 분리되지 않으면 공부가 막연하고 애매하고 모호해집니다. 상주, 중주, 하주 중 하나가 육신에 작용하여 의식체가 잘 분리되지 않으면 의식의 일부가 육신에 걸쳐져 흑백의 평면 화면을 보듯이 공부가 진행되기도 합니다.

따라서 도광신력을 더욱 합리적이고 효율적으로 받아 세 개의 여의주가 삼원삼광에서 삼원일광을 거쳐 일원일광이 되게 하려면 순수한 마음과 마음가짐으로 도심을 형성하고, 행공과 운기복습을 틈틈이 자주 하며, 섭생을 채식 위주로 담백하게 하여 경락의 순도를 높여서 정기신 삼주의 광도·밀도·순도를 꾸준하고 지속적으로 유지·관리·발전하면 좋습니다.

셋째, 도광신력은 무형적이고 차원적인 내면공간을 열어 줍니다. 즉 도광신력이 천문天門을 지나 하주에 닿게 되면 인간의 무형성·유형성·공간성 중 무형적이고 차원적인 공간성을 지닌 내면공간이 열리게 됩니다.

넷째, 도광신력은 수련자의 의식체가 육신에서 분리되어 무형적이고 차원적인 내면공간에 몰입될 수 있게 해 줍니다.

다섯째, 도광신력은 무형적이고 차원적인 내면공간에서 하주를 찾아갈 수 있게 좌표를 형성해 줍니다. 심법心法을 통해 도광신력을 천문으로 받아 하주로 보내어 도광신력이 하주에 닿게 되면 도광신력은 자신의 내면공간에서 하주를 찾아갈 수 있는 좌표를 형성합니다.

여섯째, 도광신력은 육신에서 분리되어 내면공간으로 몰입된 의식체가 무형적이고 차원적인 내면공간을 인지·인식·인정할 수 있는 인식과 인식체계를 형성하도록 하며, 또한 의식체 주변의 시공時空을 정화하고, 형성된 좌표를 따라 하주를 찾아갈 수 있게 하는 빛과 힘, 가치를 만들어 줍니다.

8   심법을 통해 천문으로 받아 하주로 보낸 도광신력이 여의주에 닿지 않게 되면 좌표를 형성하지 못하여 여의주를 찾아가기가 쉽지 않습니다. 그런데 도광신력이 하주를 찾아갈 수 있도록 좌표를 형성해도 의식체가 여의주를 잘 찾아가지 못하는 경우가 있습니다.

첫째, 의식체가 육신에서 잘 분리되지 않는 경우입니다.

둘째, 내면공간으로 몰입된 의식체가 도광신력과 상합이 잘 되지 않아서 내면공간을 인식할 수 있는 인식과 인식체계와 함께 의식체가 움직일 수 있는 빛과 힘, 가치를 형성하지 못한 경우입니다.

셋째, 내면공간에 정화되지 못한 상념·잡념·사념 등 불필요한 빛들 때문에 의식체가 하주를 찾아가는 길에 장애·방해·걸림이 많이 형성되는 경우입니다.

넷째, 의식체가 내면공간의 여의주 주변에 형성된 노이즈와 같은 빛들 속으로 들어간 경우입니다.

⁹ 공부과정에 있는 석문인들이 이해하기 어려운 개념 중 하나는 자신의 내면공간은 자신의 무형적이고 차원적인 공간이면서 동시에 모든 사람들과 공유되고 있는 무형적이고 차원적인 공간이기도 하다는 점입니다.

내면공간에 들어갔을 때 우주 공간에 있는 것처럼 여러 별빛들이 보이는 경우가 있는데, 그 별빛들 하나하나가 사실은 수많은 사람들의 여의주입니다. 사람들이 모두 다르게 생겼듯이 이 여의주들도 빛을 발하는 정도가 모두 다릅니다.

내면공간에 들어가게 되면 하늘로부터 도광신력을 받아 수많은 여의주 가운데 자신의 여의주를 찾아가게 되는 것입니다.

¹⁰ 호흡·이완·자세·심법·집중으로 몰입하여 내면공간을 인식하게 되면 보이는 내면공간의 정중앙에 시선을 넌지시 두게 되는데 이것은 의식체가 좌표를 따라 내면공간을 잘 나아갈 수 있도록 하기 위해서입니다.

의식체가 100% 내면공간에 몰입되었다 해도 육신을 바탕으로 두고 있기 때문에 기초적인 수준에서는 육신과 이어져 있습니다. 따라서 의식체가 순수하고 순일한 빛의 상태를 유지해야만 도광신력과 상합도가 높아져 공부를 수월하게 진행할 수 있습니다. 그렇지 않으면 교란·산란·혼란이 일어나서 의식이 내면공간에서 다시 육신으로 돌아가는 경우가 생길 수 있습니다.

11 여의주를 찾아가는 내면공간이 자신의 무형적이고 차원적인 공간이면서 동시에 모든 사람들과 공유되는 무형적이고 차원적인 공간이라는 관점에서 보면 도광신력의 빛과 힘, 가치는 조금 더 확대됩니다. 이것을 두 가지 정도로 요약하여 정리해 보면 다음과 같습니다.

첫째, 도광신력은 의식체를 육신에서 분리시켜 수련자가 자신의 공간이자 공유되는 공간인 내면공간에 몰입될 수 있도록 하고, 자신의 최초 내면공간에서 여의주까지 형성되어 있는, 즉 자신의 광대역에 해당되는 부분을 정화·순화·승화, 조화·상생·상합시킵니다.

이때 다른 사람들과 연관되는 접도구역接道區域에서 상호관계를 통해 쌓인 불필요한 빛들도 정화·순화·승화, 조화·상생·상합시킵니다. 즉 도광신력은 의식체가 원활하게 움직일 수 있도록 여의주까지의 동선에 있어 자신의 광대역은 물론, 다른 사람과 겹치는 접도구역까지 모두 정화·순화·승화, 조화·상생·상합시켜 의식체가 자신의 여의주까지 합리적이고 효율적으로 잘 움직이게 합니다.

둘째, 도광신력은 자신의 공간이면서 동시에 공유되는 공간인 내면공간에서 자신의 여의주를 잘 찾아갈 수 있도록 자신의 여의주에 빛이 계속 닿아서 좌표를 형성합니다.

도광신력이 여의주에 좌표를 형성해 주지 않으면 방향성이 없어져 공부가 막연하고 애매하고 모호해지며, 의식체가 내면공간에 몰입된다 해도 여의주를 찾아가지 못할 뿐만 아니라 다른 사람의 여의주를 찾아가는 경우가 생길 수도 있습니다.

실제로 석문도문에서 지금까지 양신 공부를 하는 도중 다른 사람의 여의주를 찾아갔던 사례가 한 번 있었습니다. 내면공간은 자신의 공간이면서 동시에 모든 사람들이 공유하는 공간이기 때문에 자신의 여의주에 좌표가 제대로 설정되지 않을 경우 그와 같은 일이 발생할 수도 있는 것입니다.

마치 GPS의 항로가 설정되어야 배가 목적지를 향해 움직일 수 있듯이, 도광신력이 여의주에 닿아서 좌표가 형성되어야 의식체는 그 좌표를 따라서 움직일 수 있습니다. 물론 신(神)들이 그렇게 될 수 있도록 천지인 섭리·율법·법도에 입각하여 그에 합당한 신력(神力)을 발휘하여 인도해 주지만, 기본적으로 도광신력이 그와 같이 될 수 있게 빛과 힘, 가치를 발휘하는 것입니다.

12 도광신력을 받아서 몰입하여 최초 내면공간으로 들어가게 되면 하얗거나 검은 공간이 입체적으로 인식되기 시작합니다. 조금 더 깊이 들어가 보면 간혹은 멀리 공간의 중앙 정도에 작은 별빛 같은 것이 보일 때가 있는데, 그것은 70% 이상 자신의 여의주일 확률이 높습니다.

13 여의주는 가까이 갈수록 태양처럼 보이거나 달처럼 보이기도 하고 투명한 유리구슬처럼 보이기도 합니다. 이때 유의할 점이 있습니다. 최초 내면공간에서 자신의 여의주까지 형성된 공간은 무형적이고 차원적인 공간이어서 어느 곳이든 갈 수 있기 때문에 자신의 여의주를 찾게 되면 심법으로 도광신력을 받아가며 계속 반복해서 왕복할 수 있게 해야 한다는 것입니다. 물론 이때도 관계 신(神)들이 보이지 않게 최단거리로 갈 수 있도록 인도합니다.

[14] 자신의 최초 내면공간에서 여의주까지 반복해서 왕복하다 보면 자신의 여의주를 찾아가는 내면공간에 무형의 길이 형성되어 점점 익숙해지면서 안정감이 생깁니다. 이렇게 자신의 최초 내면공간에서 여의주까지 형성된 무형의 길에 안정감이 생기면 자신의 여의주를 뚫고 들어갑니다.

여의주를 몇 번 보았다고 해서 바로 뚫고 들어가려고 하면 그 다음에 다시 여의주를 찾기가 힘들어질 수도 있습니다. 왜냐하면 최초 내면공간에서 여의주까지의 내면공간을 수없이 왕복하여 익숙하게 만들어 안정화시켜 두지 않았기 때문입니다. 그래서 수없는 왕복을 통해 무형의 길이 형성되어 충분한 안정감이 생겼을 때 여의주의 막을 뚫고 들어가야 하는 것입니다.

여의주 안은 내면공간과 다릅니다. 내면공간과 달리 다양한 무언가가 있지 않습니다. 이 공간은 자기 존재성의 광대역에 비례하여 만들어진 무형적이고 차원적인 공간입니다. 그 공간의 정중앙에 바로 자신의 양신이 있습니다.

인간으로 지상에 내려올 때 하나의 신성과 신성체계였던 것이 신·기·정 神氣精 이라는 본·체·용 本体用 세 개로 나누어졌다가 석문도법의 석문호흡을 통해 그 셋이 모두 빛과 힘, 가치를 발휘하여 하나의 빛과 힘, 가치가 될 때 하늘에서 배태시켜 만들어 준 것이 양신입니다.

[15] 이렇게 내면공간에서 여의주를 찾아 여의주 안으로 들어갔다고 해도 양신을 찾아가려면 몇 가지 합당한 조건을 갖추어야 합니다.

첫째, '내 양신을 찾아간다'라는 심법을 걸어서 도광신력이 양신에 닿게 하여 좌표를 형성해야 합니다. 좌표가 형성되지 않으면 의식체가 방향을 잡지 못합니다.

둘째, 양신의 빛이 정화·순화·승화, 조화·상생·상합되어 안정되어 있어야 합니다. 양신이 안정되어 있지 않으면 양신에 좌표를 형성하기가 쉽지 않아 의식체가 양신을 찾아가기 어렵고, 설사 양신을 찾아가더라도 잘 보이지 않습니다.

셋째, 자신의 양신을 찾아갈 수 있는 빛과 힘, 가치를 하늘로부터 부여받아야 합니다. 자신의 양신을 찾아갈 수 있는 빛과 힘, 가치를 하늘로부터 부여받지 못하면 의식체는 여의주 안에 머무를 뿐 양신까지 도달할 수 없습니다.

넷째, 양신을 볼 수 있는 빛과 힘, 가치를 하늘로부터 부여받아서 인식과 인식체계를 갖추어야 합니다. 그렇게 하지 못하면 양신을 찾아간다 해도 양신이 보이지 않습니다.

16 그래서 양신의 광도·밀도·순도와 양신을 찾아가는 의식체의 광도·밀도·순도 그리고 인식과 인식체계에 따라서 다양한 현상이 생겨납니다. 예를 들어 자신의 양신을 찾아서 여의주 안으로 들어갔는데 앞에 '양신이 있는 것 같다'라는 느낌만 드는 경우, 이것은 의식체의 광도는 양신에 닿는데 밀도와 순도가 약해서 일어나는 현상입니다. 무엇인가 실루엣처럼 밝게 보이기는 하는데 형상이 보이지 않는 경우는 광도와 순도는 좋은데, 밀도가 약해져서 일어나는 현상입니다.

17 이러한 것을 인정하고 극복하여 뛰어넘기 위해서는 기본적으로 도광신력을 계속 받아 자신을 정화·순화·승화, 조화·상생·상합시켜서 스스로를 상승·확장·발전시키면 됩니다.

즉 있는 그대로 바라보고, 직시한 그대로 인지·인식·인정하여 받아들이고, 받아들인 그대로 성찰하고 탐구하여 인과형국·결자해지·해원상생·거악생신해야 합니다.

이것을 바탕으로 정화·순화·승화, 조화·상생·상합하여 빛의 거
듭남을 이루어 가는 가운데 순수한 마음과 마음가짐으로 진법체
득한 도심을 갖추어야 합니다.

그래서 지행합일·언행일치·표리일치·내외일치를 통해 눈빛·표
정·자세·단어·용어·문장·말·말투·행동과 같은 작고 소소한 것
에서부터 자연스럽게 섭리행을 실천하다 보면 들어오는 도광신력
의 효율이 높아져서 충만해지고 마침내 양신이 보여서 합일하게
됩니다.

18 자신의 양신과 합일하면 도광신력을 받아서 충만해질 때까지 기
다리는 여유와 넉넉함을 가져야 합니다. 이렇게 의식체와 양신의
합일도合一度를 높여서 안정감이 형성되면 양신의 모습을 천천히
확인해야 합니다.

그리고 양신과 합일한 상태에서 도광신력을 충만하게 받게 되면
하주가 가지고 있는 실질적인 빛과 힘, 가치가 깨어나게 되어 합일
한 자신의 양신으로 도광신력을 내려받을 수 있게 됩니다.

19 합일한 자신의 양신으로 하주가 가지고 있는 실질적인 빛과 힘, 가

치를 70% 이상 내려받게 되면 이천도계의 원신이 지상 육신에 내려와 하주에 안착한 양신과 합일합니다.

이때 이천도계의 원신은 양신이 출신出神하는 데 필요한 빛과 힘, 가치를 하늘로부터 부여받을 수 있도록 하주에 있는 양신에 일종의 하드웨어를 형성시켜 줍니다. 그리고 그렇게 새롭게 부여하여 설치된 하드웨어에 일종의 소프트웨어 같은 빛과 힘, 가치를 만들어 줍니다. 이러한 지상분신의 출신과 관련한 기본적인 천지인조화역사가 끝나게 되면 원신은 이천도계로 돌아가게 됩니다.

이때 양신에 부여하여 설치되는 일종의 하드웨어와 소프트웨어 같은 빛과 힘, 가치는 하주, 중주, 상주의 빛과 힘, 가치와 일맥·일관·일통으로 호환·파동·공명하여 연속성을 가지고 적용·실행·구현됩니다.

[20] 이렇게 공부가 진행되는 과정에서 의식체와 양신의 합일도가 100%가 되어 태식胎息이 형성되고, 천지인 섭리·율법·법도에 입각하여 그에 합당하게 양신이 중주로 출신할 수 있는 인가認可를 받게 되면 공부의 시운이 부여되면서 그에 합당한 도광신력을 내려받게 됩니다.

이렇게 중주까지 출신하는 데 필요한 빛과 힘, 가치를 하늘로부터 도광신력으로 내려받게 되면 양신은 중주로 올라갈 수 있게 됩니다. 그리고 중주에 오른 양신이 움직임 없이 고정된 상태로 도광신력을 충만하게 받게 되고, 그 과정에서 중주의 실질적인 빛과 힘, 가치가 깨어나 양신으로 내려받게 됩니다.

중주의 실질적인 빛과 힘, 가치를 충만하게 받고 나서 상주로 출신할 수 있는 인가를 받게 되면 그에 합당한 도광신력을 내려받아 양신은 상주로 올라갈 수 있게 됩니다. 그리고 상주에 오른 양신이 움직임 없이 고정된 상태로 도광신력을 충만하게 받게 되고, 그 과정에서 상주의 실질적인 빛과 힘, 가치가 깨어나 양신으로 내려받게 됩니다.

이렇게 양신이 상주까지 오게 되면 하주, 중주, 상주를 왕복하면서 계속적으로 하주, 중주, 상주의 빛과 힘, 가치를 받아서 하주, 중주, 상주의 실질적인 빛과 힘, 가치가 양신에 체계화되어 안정될 수 있게 합니다.

그래서 인간으로 내려올 때 하나에서 세 개로 나누어졌던 신성과 신성체계가 다시 하나로 귀일歸一하게 되면 양신이 두정 밖으로 출신할 수 있는 기본적인 토대와 조건이 갖추어지게 됩니다.

[21] 양신이 두정 밖으로 출신할 수 있는 기본적인 토대와 조건이 갖추어진 상태에서 하주, 중주, 상주로 출신하는 것이 익숙하고 편안하고 안정되어서 확신과 자신감이 충만해지면 양신이 두정 밖으로 출신할 수 있는 인가와 함께 공부의 시운을 부여받게 되고 그에 합당한 도광신력을 내려받게 됩니다.

이런 과정과 절차를 거쳐 처음 출신했을 때는 양신의 안광이 약하여 가시성을 크게 형성하지 못합니다. 그래서 주변은 잘 보이지 않지만, 양신 바로 아래에 있는 자신의 육신은 빛으로 이어져 있기에 어느 정도는 보입니다.

두정 밖으로 출신을 한 이후에는 여러 번 반복하여 의식체를 양신과 육신으로 오가게 하는 공부를 하게 됩니다. 이것은 양신이 하주, 중주, 상주를 왕복했던 것처럼 의식체가 양신과 육신으로 오가는 것을 체계화시켜서 안정되게 하는 것이며, 의식체를 여러 개로 나누어 쓸 수 있는 분심이용법分心二用法의 사전 공부가 되기도 합니다.

²² 의식체를 양신과 육신으로 오가는 공부가 어느 정도 익숙해지고 안정되면 천지인 섭리·율법·법도에 입각하여 그에 합당하게 하늘에서는 양신이 성장하는 데 필요한 빛과 힘, 가치를 도광신력으로 내려줍니다.

이렇게 하여 양신이 육신의 크기 정도로 성장하게 되면 양신의 사지四肢를 움직이고 걸어다니는 데 필요한 빛과 힘, 가치를 도광신력으로 내려줍니다. 그래서 사지를 움직이는 것이 익숙하고 안정되면 자기가 수련하고 있는 지상의 공간도장이나 자신의 방을 걸어다녀 볼 수 있습니다.

이 정도가 되면 이천도계에 입천하여 자신의 원신을 찾아가서 원신합일原神合一을 할 수 있는 기본적인 토대와 조건이 갖추어지게 됩니다.

²³ 이천도계에 입천하여 원신합일을 할 수 있는 기본적인 토대와 조건이 갖추어지게 되면 이천도계에 입천하여 원신합일을 할 수 있는 인가와 함께 공부의 시운을 부여받게 됩니다.

이천도계에 입천하여 원신합일을 할 수 있는 심법을 걸게 되면 이천도계에 있는 자신의 원신이 그것을 천지인 섭리·율법·법도의 근거로 삼아 그에 합당한 도광신력을 내려주어 지상분신의 양신을 원신 바로 앞까지 인도합니다.

심법을 걸었을 때에 그렇게 되게 한 이유는 이천도계에 승천하여 자신의 원신을 찾아가는 데 있어서 개체의지를 발휘하게 하여 주체·주도·자율성을 높이도록 한 것입니다.

[24] 지상분신의 양신이 원신 앞까지 도달한 이후에 이천도계의 원신과 곧바로 합일되는 경우는 흔하지 않습니다. 그래서 '내 원신이면 합일한다'라는 심법을 걸고 충만해질 때까지 계속해서 도광신력을 내려받아 내력이 쌓이도록 기다리면 자연스럽게 원신합일이 됩니다.

아주 드물기는 하지만 진상眞像이 아닌 가상假像의 존재와 합일할 수도 있습니다. 빛 공부를 할 때는 자신의 내력으로 어느 정도의 상像을 만들 수 있기 때문에 이것이 가능합니다. 이때는 보이는 모습이 어렴풋하거나 흐릿할 뿐만 아니라 수련자의 내력소모가 크기 때문에 수련 이후에 상당한 피로감과 상열감 그리고 불편함이 동반됩니다.

또 자신의 원신이 아닌 자신보다 빛의 품계가 낮은 존재와 합일하는 경우도 간혹 있습니다. 자신의 내력이 더 높기 때문에 합일하려는 의지를 강하게 품으면 합일이 되는 것입니다. 그래서 '내 원신이면 합일한다'라는 심법을 걸고 순수한 마음과 마음가짐으로 차분하고 침착하고 무심하게 기다릴 줄 아는 미덕 美德을 가질 필요가 있습니다.

25 이천도계 원신과 합일하고 나서도 도광신력을 충만하게 받아야 합니다. 이천도계의 원신과 지상의 분신은 하나의 존재이지만 원신은 천상의 존재로서 그에 합당한 의식·인식·습관을 가지고 있고, 분신은 지상에서 이천도계에 막 입천한 존재로서 그 정도 수준의 의식·인식·습관을 가지고 있기 때문에 의식·인식·습관의 유격을 최대한 좁힐 필요가 있습니다. 그래서 도광신력을 충만하게 받아서 원신과의 합일도를 최대한 높여야 합니다.

26 만약 원신과의 합일도가 낮은 상태가 되어 원신과 양신의 유격이 커지면 합일을 해도 인식과 인식체계가 제대로 작동되지 않습니다. 양신과 합일된 의식체는 그 빛의 광도·밀도·순도가 이천도계에 막 오른 정도의 수준이므로 이천도계 원신과의 합일을 통해 그 빛의 광도·밀도·순도를 원신의 수준까지 올려야 합니다. 그래야

이천도계에 막 오른 정도의 의식·인식·습관에서 이천도계의 신神으로서의 의식·인식·습관으로 상승·확장·발전하여 이천도계를 공부할 수 있습니다.

그리고 원신과 합일은 했으나 합일도가 50%인 상태로 이천도계를 다니게 되면 50%는 원신의 의식·인식·습관을 쓰고 나머지 50%는 이천도계에 막 오른 양신의 의식·인식·습관을 쓰게 됩니다. 그 상태로 이천도계를 보게 되면 두 가지의 가치관과 관점으로 두 가지의 시선을 형성하기 때문에 덧칠과 왜곡이 일어날 확률이 높습니다.

이천도계에 막 입천했을 때의 의식·인식·습관을 이천도계에서 70% 정도 가지고 있으면 70% 만큼, 50% 정도 가지고 있으면 50% 만큼, 30% 정도 가지고 있으면 30% 만큼, 10% 정도 가지고 있으면 10% 만큼 다르게 보이는 것입니다. 따라서 원신과 양신의 합일도를 최대한 높여야 이천도계 공부가 합리적이고 효율적으로 진행됩니다.

[27] 이러한 이천도계까지의 공부 진행을 놓고 순수인간 행성인 포함의 공부과정을 살펴보면, 순수인간 행성인 포함의 경우 양신을 찾아가는 것

까지는 큰 차이가 없습니다. 그런데 양신을 보고 합일할 때부터는 완성도계, 후천도계, 선천도계의 신神으로 있다가 온 존재들에 비해서 공부에 다소 까다롭고 어려운 부분이 있습니다.

[28]앞서 이야기하였듯이 의식체가 양신과 합일하여 하주의 실질적인 빛과 힘, 가치를 받는 정도가 70% 이상 되었을 때 원신이 내려와 양신이 출신할 수 있도록 일종의 하드웨어와 소프트웨어 같은 빛과 힘, 가치를 부여하고 설치하여 안착시킵니다.

그런데 순수인간 행성인 포함의 경우 근본존재가 신神이 아니므로 이 천도계에 원신이 없습니다.

그래서 양신 공부를 시작할 즈음에 석문도법의 석문호흡으로 양신까지 공부한 공덕을 크게 인정·존중·배려하여 전생영前生靈들을 모두 찾아냅니다. 그리고 천지인 섭리·율법·법도에 입각하여 그에 합당하게 그 전생영들의 공부 정도에 따른 빛과 힘, 가치에 순위를 부여하게 됩니다.

그렇게 순위를 부여한 다음에 '거듭남 창조역사'를 통하여 이천도계에 합당한 광도·밀도·순도, 특성·특징·특색, 품성·품위·품격을 가진 존재들로 거듭나게 합니다. 그렇게 한 후 거듭난 존재들이 이천도계에 합당한 빛과 힘, 가치를 발휘할 수 있도록 적절한 교육과정을 밟게 합니다. 그런 다음 천지인 섭리·율법·법도에 입각하여 그에 합당하게 첫 번째 배분의 존재를 이천도계의 원신으로 삼아서 권한·책임·의무를 부여합니다.

[29] 거듭남 창조역사를 통해 이천도계의 원신으로 거듭난 존재는 본질적으로 지상의 자신과 하나의 존재성을 가지기는 하지만 전생영 중의 하나였기에 신神으로 있다가 내려온 존재의 원신과 분신에 비해 일맥·일관·일통에 의한 호환·파동·공명이 다소 약합니다.

그래서 순수인간 행성인 포함이 양신출신을 하기 위해서는 이천도계에 원신으로 거듭난 존재와 지상분신인 존재를 하나의 존재성과 존재가치로 100% 일맥·일관·일통하여 호환·파동·공명할 수 있도록 쌍방의 광도·밀도·순도, 특성·특징·특색, 품성·품위·품격의 빛과 힘, 가치를 하나로 이어 주어야 합니다.

그런데 빛과 힘, 가치를 하나로 이으려면 거듭남 창조역사를 해야 하고, 거듭남 창조역사를 하려면 천지인 섭리·율법·법도에 입각한 명확한 근거와 그에 합당한 명분과 당위성이 있어야 합니다.

[30]따라서 이와 같은 과정과 절차를 통해 거듭남 창조역사를 하여 존재성과 존재가치를 바꾸어 상승·확장·발전시키는 것은 쉽지 않습니다. 완성도계에서 내려온 존재가 자신의 원신을 찾아 이천도계로 입천하는 것에 비하면 스승의 공(功)과 수도자 자신의 공덕과 노력이 10배 이상 필요합니다.

이렇게 근본이 신(神)이 아닌 존재를 이천도계에 입천시키기 위해 수많은 스승의 공(功)과 수도자 자신의 공덕과 노력이 들어가서, 마침내 관계 신(神)들이 이천도계 원신으로 거듭난 존재와 그 지상분신이 일맥·일관·일통으로 호환·파동·공명할 수 있도록 이천도계 원신으로 거듭난 존재를 지상분신의 양신과 합일시켜 쌍방의 빛과 힘, 가치가 하나로 이어질 수 있도록 하는 것입니다.

그렇게 한 후에 거듭남 창조역사를 하여 100% 일맥·일관·일통으로 호환·파동·공명할 수 있게 한 다음, 관계 신(神)들이 이천도계의 원신으로 거듭난 존재를 도와서 출신에 필요한 빛과 힘, 가치를 하늘로부터 부여받을 수 있도록 일종의 하드웨어와 소프트웨어 같은 빛과 힘, 가치를 부여하고 설치하여 안착시킬 수 있게 합니다. 근본이 신(神)인 존재가 출신할 때보다 스승과 천지 신(神)들 그리고 주변 석문도인들의 도움이 훨씬 더 많이 필요한 것입니다.

³¹ 도계에 입천할 때도 차이가 있습니다. 근본이 신神인 존재가 출신하여 이천도계에 입천할 때는 천지인 섭리·율법·법도에 입각하여 그에 합당하게 지상분신의 양신이 이천도계에 입천하는 데 필요한 금제를 해제하고 봉인을 열고 결계를 풀게 되면 그것을 근거로 하여 천상의 원신이 관계 신神들과 함께 후속 조치를 하게 됩니다.

이러한 후속 조치를 통해 형성된 빛과 힘, 가치에 천지인 섭리·율법·법도에 입각하여 그에 필요한 도광신력을 부여하고 용사하여 지상분신이 주체·주도·자율성을 가지고 이천도계에 입천할 수 있게 합니다.

그러나 근본이 신神이 아닌 존재가 출신하여 이천도계에 입천하기 위해서는 근본이 신神이었던 존재와 같이 금제를 해제하고 봉인을 열고 결계를 풀어서 후속 조치를 하는 것이 아니라 이천도계에 입천할 수 있는 이천도계급 광도·밀도·순도, 특성·특징·특색, 품성·품위·품격을 형성할 수 있도록 거듭남 창조역사를 해야 합니다.

천지인 섭리·율법·법도는 천라지망天羅地網이라 이런 일은 없겠지만, 만약 그렇게 거듭남 창조역사를 하지 않은 상태에서 이천도계로 입천하게 되면 이천도계의 공간성이 가진 자체 소거력에 의해 소멸됩니다.

그래서 양신을 이천도계에 입천할 수 있는 상태로 상승·확장·발전시켜 주어야 합니다. 그렇게 하기 위해서는 출신된 상태에서 다시 거듭남 창조역사를 해 주어야 하는 것입니다. 그런데 이렇게 신神으로 거듭날 수 있게 하는 거듭남 창조역사는 본래 하나님의 고유한 권능에 속해 있습니다.[4]

32 이렇게 근본이 신神이었던 존재가 출신하여 이천도계에 입천하는 것과 순수인간행성인 포함이 이천도계에 입천하는 것에는 본질적인 관점에서 아주 큰 차이가 있습니다. 다시 요약하여 정리해 보면 다

---

4) 지금 구천도계九天道界까지는 조화천궁造化天宮과 십이천 천궁十二天天宮의 '내궁백內宮白', '중궁백中宮白', '외궁백外宮白'과 같이 '백白'의 천좌天座를 가진 완성도계의 신神들에게 위임되었고, 이러한 권한·책임·의무는 다시 천지인 섭리·율법·법도에 입각하여 그에 합당하게 예하의 대태장大泰長에서 태장泰長급 신神들까지 일부가 위임되었다. 그리고 십이천 천궁 중성 중궁의 태장급 신神들은 천지인 섭리·율법·법도에 입각하여 그에 합당하게 십일천도계의 관련 금장金長급 신神들에게 일부를 위임하여 후천 완성도법인 석문도법의 제도적인 시스템으로 체계화되어 있다. 그래서 현재는 천지인 섭리·율법·법도에 입각하여 그에 합당하게 공부의 시운이 부여되면 십이천 천궁 중성 중궁 중궁백이 총괄하여 권한·책임·의무를 부여 받은 신神들이 이러한 천지인조화역사를 할 수 있도록 되어 있다.

음과 같습니다.

첫 번째, 순수인간 행성인 포함의 경우 이천도계에 원신이 없기 때문에 모든 전생영을 찾아서 순위를 정하고 그 존재들을 거듭나게 하는 과정과 절차 그리고 각 전생영들이 이천도계의 존재로서 살아갈 수 있도록 하는 교육이 따로 필요합니다.

보통 순수인간 행성인 포함이 양신 공부를 시작하면 하늘의 관계 신神들이 전생영을 찾기 시작합니다. 모두 찾게 되면 순위를 정하고 빛을 거듭나게 하여 천지인 섭리·율법·법도에 입각하여 그에 합당하게 하늘의 기준과 원칙에 따라 이천도계에 만들어진 자신의 광대역에 모이게 합니다. 이러한 천지인조화역사는 어느 한 신神이나 한 무리의 신神들에 의한 신력神力이 아니라 하늘 전체가 제도적인 시스템으로 체계화되어 움직여야 가능한 일입니다.

두 번째, 순수인간 행성인 포함의 경우 이천도계의 원신으로 거듭난 존재와 지상분신을 이어 주어야 합니다. 존재성을 100% 일맥·일관·일통하여 호환·파동·공명할 수 있도록 하는 거듭남 창조역사가 이루어지지 않으면 존재성의 유격으로 인해 양신출신의 과정이 진행되지 않습니다. 그래서 이 두 존재를 잇는 거듭남 창조역사가 필요합니다.

세 번째, 양신출신을 할 때 이천도계에 입천할 수 있을 정도의 광도·밀도·순도, 특성·특징·특색, 품성·품위·품격을 가질 수 있도록 출신된 상태에서 거듭남 창조역사를 해야 합니다. 거듭남 창조역사를 할 때 쓰이는 도광신력에는 창조력이 깃들어 있습니다.

하나님은 지상에 내려와 이를 천상의 대소大小 신神들에게 위임하고, 후천완성도법後天完成道法인 석문도법의 제도적인 시스템으로 체계화시켜서 적용·실행·구현할 수 있도록 인가하였습니다.

그런데 천지인 섭리·율법·법도에 입각하여 그에 합당하게 권한·책임·의무는 위임하였지만, 하나님의 인가를 받아서 적용·실행·구현하도록 되어 있기에 거듭남 창조역사의 빛과 힘, 가치가 발휘될 때는 죽인화미竹印華美에 의한 죽인화미체계竹印華美體系가 적용·실행·구현되어야 합니다.

즉 천지인조화역사에 있어 특정한 지침이 안배되었을 때 죽인화미에 의한 죽인화미체계의 죽인竹印이 풀리면서 그에 합당한 빛과 힘, 가치가 형성되어 거듭남 창조역사가 위임된 그대로 적용·실행·구현될 수 있습니다.

그 지침 중 하나가 완성도계에서 온 신神들의 지상분신이 일정 수 이상 자신의 근본자리를 찾아야 한다는 것입니다. 그렇지 못하면 순수인간행성인 포함들을 이천도계에 입천시킬 때 천상 완성도계의 대소大小 신神들의 천지인조화역사에 일맥·일관·일통으로 호환·파동·공명하여 한석문통합역사桓石門統合役事[5]를 할 수 있는 완성도인들이 부족하게 되어 역사를 진행하기 힘듭니다. 쉽게 말하면 선생님 역할을 해 줄 존재들이 충분하지 않다는 것입니다.

---

[5] 태공의 다차원성을 하나로 잇는 후천역사의 흐름과 형국은 크게 둘로 나누어 볼 수 있다. '후천천지인조화역사'와 '후천한석문통합역사'가 그것이다. 후천 하늘의 섭리·율법·법도에 따라 이뤄지는 후천역사는 십자한十字桓과 만자한卍字桓의 섭리와 이치에 따라 수직과 수평의 다차원적 축으로 이루어진다. 십자한의 수직과 수평 역사는 위에서 아래를 내려다보는 흐름과 형국으로, 천상의 신神들이 주도하여 하나님의 뜻을 지상에 내림으로써 천지인이 하나가 되게 하는데, 이를 '후천천지인조화역사'라 한다. 만자한의 수직과 수평 역사는 아래에서 위를 올려다보는 흐름과 형국으로, 후천천지인조화역사의 흐름과 형국 속에서 인간이자 신神인 도인이 중심이 되어 천지인 간에 조정·중재·조화력을 발휘함으로써 후천천지인조화역사의 흐름과 형국을 실질적으로 구현하게 되는데, 이를 '후천한석문통합역사'라 한다. 지상 수도자들은 '후천천지인조화역사'를 주도하는 하늘의 신神들에 대한 인정·존중·배려의 마음과 마음가짐을 가지고, 하늘의 신神들은 '후천한석문통합역사'를 구현하는 지상 수도자들을 인정·존중·배려하게 되어 천지인이 정화·순화·승화, 조화·상생·상합하는 흐름과 형국이 만들어진다. 그래서 하늘의 신神들과 지상의 수도자들이 서로를 인정·존중·배려하는 가운데 후천천지인조화역사와 후천한석문통합역사가 하나가 되는 '후천천지인통합역사'가 진행된다.

예를 들어 어떤 순수인간 행성인 포함이 이천도계까지는 전생영들의 도움을 받아서 공부를 마쳤다 하여도 삼천도계부터는 그런 존재의 도움 없이 순수하게 혼자서 공부해야 합니다. 이런 경우에는 완성도계에서 온 신神들의 지상분신 중에 자신의 근본자리를 찾은 완성도인들이 천상과 지상을 오가며 천상의 대소大小 신神들과 함께 순수인간 행성인 포함들을 지로해야 합니다. 완성도계에서 온 존재들은 원신 자체가 이미 그러한 빛과 힘, 가치를 가지고 있습니다.

이러한 이유로 순수인간 행성인 포함들을 지로해 줄 수 있는 완성도인들이 일정 정도 양성·배출·출현되어야 순수인간 행성인 포함이 출신할 때 필요한 거듭남 창조역사를 적용·실행·구현하는 것과 관련된 죽인화미에 의한 죽인화미체계가 풀리도록 되어 있는 것입니다.

33 이처럼 원신이 있는 것과 없는 것의 차이는 매우 큽니다. 원신이 있다면 지상분신의 공부는 자신이 있었던 천상의 자리까지 '회복回復'하는 흐름과 형국이 되므로 의식·인식·습관을 상승·확장·발전시키는 속도가 그만큼 빠릅니다. 원신이 없으면 순수인간 행성인 포함의 의식·인식·습관에서 시작하여 거듭남 창조역사를 통

해 상승·확장·발전시켜 나가야 하므로 속도가 다소 더딥니다.

앞서 말했지만 근본이 신神인 존재들과 비교해 보았을 때 순수인간행성인 포함의 경우 삼천도계부터 원신이 없이 사실상 자기 자신의 빛과 힘, 가치만으로 많은 공부를 해 나가야 합니다. 그래서 근본이 신神인 존재들이 자신의 근본자리를 찾은 후에 지상에서 이들을 지로해 주어야 합니다.

34 결국 근본이 신神인 존재가 하늘에 입천하는 것은 자신의 빛과 힘, 가치를 있는 그대로 회복해 가는 과정이지만, 순수인간행성인 포함의 경우는 자신의 빛과 힘, 가치를 계속해서 거듭나게 하는 과정입니다. 물론 이 두 경우에도 모두 장애·방해·걸림이 있지만 풀어 나가는 방법·방식·방편과 그 정도는 아주 많은 차이가 있습니다.

예를 들어 완성도계 신神들의 경우 하늘에 입천하는 과정에서 금제를 해제하고 봉인을 열고 결계를 풀어야 하는데, 지상분신의 금제를 해제하고 봉인을 열고 결계를 풀기 위해서는 지상분신에 의해 천지인 섭리·율법·법도에 입각하여 그에 합당한 30%의 근거가 형성되어야 합니다. 지상분신이 광도·밀도·순도를 그만큼 형성하면 원신이 관계 신神들의 도움을 받아서 금제를 해제하고 봉인을 열고 결계를 풀게 되어 있습니다.

근본이 신神이 아닌 존재의 경우에는 금제를 해제하고 봉인을 열고 결계를 풀어 나가는 과정은 같지만 여기에 거듭남 창조역사도 해야 합니다. 앞서 말했듯이 이것은 후천완성도법인 석문도법의 제도적인 시스템으로 체계화되어 적용·실행·구현되지만, 하나님의 인가를 받아야 하며, 천상 대소大小 신神들의 천지인조화역사와 일맥·일관·일통으로 호환·파동·공명하여 한석문통합역사를 할 수 있는 완성도인들의 빛과 힘, 가치가 필요합니다. 그만큼 장애·방해·걸림을 푸는 데에도 차이가 있는 것입니다.

35 이러한 이유로 양신 공부를 지로하기 위해서는 양신 공부를 하고 있는 석문천지인石門天地人의 근본 존재성과 존재가치를 알고 있어야 합니다. 석문천지인의 근본 존재성과 존재가치에 따라 공부의 과정과 절차 그리고 적용·실행·구현할 수 있는 방법·방식·방편이 아주 많이 다르기에 그에 합당하게 사전에 준비하고 대비하여 지로를 해야 하기 때문입니다.

36 이처럼 하늘은 천라지망입니다. 근본이 신神인 존재의 양신 공부와 순수인간행성인 포함의 양신 공부가 가지는 차이에서도 보듯이, 하

늘의 천지인조화역사는 어느 과정 하나 막연하거나 애매하거나 모호하게 진행되는 것이 없습니다.

천지인조화역사에 있어 가장 중요한 역사 중 하나라 할 수 있는 '석문도법을 통해 하늘로 입천하는 과정과 절차' 또한 그만큼 세세하고 세밀한 부분까지 하늘의 제도적인 시스템과 보이지 않는 하늘의 빛과 힘, 가치가 지상의 여러 환경과 여건을 안배하여 이루어지는 것입니다.

하늘의 역사는 천라지망으로 세밀하고 촘촘하게 그리고 체계·논리·합리적으로 적용·실행·구현됩니다. 석문도법을 공부하는 석문도인들과 석문인들은 이러한 섭리적 진리를 염두에 두고 항상 즐겁고 신명나면서도 신중하고 진중하게 자신의 공부에 임하여 일념정진, 용맹정진으로 본립이도생하면 좋겠습니다.

같이 함께 더불어

석문도문

한조님말씀 32

桓紀 27年 1月 18日
(2015. 3. 8)

하나님께서 출현하시는 시기의 천지인조화역사

1 한기 26년태양력 2014년에도 석문급변과 급진으로 많은 석문인이 도계에 입천하였지만, 사실 숙성의 시간을 많이 가졌다고 할 수 있습니다. 이런 시간을 가진 만큼 한기 27년에는 공부의 장場을 더욱 많이 열 것입니다. 그래서 신神들이 더욱 직접·적극·능동적으로 석문인의 공부를 지원하게 됩니다. 그렇게 되면 공부가 진행되는 개연성이 계속해서 높아지고 기회의 장도 그만큼 많이 열립니다. 그리고 이러한 공부환경을 조성하기 위한 투영화역사에 의한 투명화현상도 많이 일어나게 됩니다.

2 투영화역사에 의한 투명화현상으로 자기중심이 약해지게 되면 부지불식간에 교란·산란·혼란이 생길 수도 있습니다. 따라서 자기중심을 올곧게 세울 수 있도록 수련을 많이 하고, 또한 많이 할 수밖에 없도록 긍정적이면서도 기쁘고 즐겁고 신명나는 환경과 여건을 가급적 많이 조성할 것입니다. 그래서 한기 27년에는 완성도계에 승천한 도인들이 더 많아지고 도계공부를 하는 도인들도 더 많아져 석문도문의 전반적인 의식·인식·습관이 한 차원 더 상승·확장·발전될 것입니다.

³ 그렇게 되면 하늘은 적절하게 석문도문의 외연이 더욱 확장될 수 있도록 환경과 여건을 조성합니다. 풍성하고 풍요로운 환경과 여건이 열릴 수 있는 개연성이 다양하게 마련되는데, 그것이 최종적으로 구현되려면 석문인의 공부가 일신우일신, 일취월장해야 하고, 석문도문에 있는 한 존재, 한 팀, 한 실室, 한 원院의 역량이 더욱 높아져야 합니다.

⁴ 이렇게 공부 시운을 열고 석문도문 외연확장의 개연성을 많이 만들수록 도문의 회전력이 그만큼 높아져 석문인들이 더욱 활기차고 부지런하게 움직일 수 있습니다. 이와 더불어 그만큼 세상에는 이전에 보기 힘든 변화들이 더 많이 생기기 시작합니다.

⁵ 이러한 흐름과 형국을 열기 위해 천지가교원을 설립하여 조화천궁과 조화천궁 영역의 중태장 이상 그리고 천궁과 천궁 영역의 중태장 이상 품계를 가지고 있는 큰 신神들을 실질적으로 배치하여 천지인 섭리·율법·법도에 입각하여 그에 합당한 석문도법의 석문사상, 석문도담, 석문호흡이 적용·실행·구현되어 더욱 집약·집중성을 발휘하게 될 것입니다. 조화천궁과 조화천궁 영역의 중태장 이상 그리고 천궁과 천궁 영역의 중태장 이상 품계를 가지고 있는 큰 신神들이 드러난다는 것은 그 정도의 하늘이 지상에 실질

적으로 드러난다는 것이기 때문에 신神들은 최대한 지상의 보편적인 사고 수준이 그 정도 수준으로 지행합일·언행일치·표리일치·내외일치될 수 있도록 석문도문을 우선으로 하여 의식·인식·습관을 상승·확장·발전시킬 수 있는 여러 환경과 여건을 직접·적극·능동적으로 조성하게 됩니다.

6 다만 지금까지는 고뇌, 번민, 갈등과 같은 고난과 역경의 흐름과 형국으로 풀어 나가는 경우가 많았지만 이제부터는 천지인 섭리·율법·법도에 입각하여 그에 합당한 기쁨, 즐거움, 환희, 자비, 사랑, 배려, 만족, 행복과 같은 풍성과 풍요의 환경과 여건으로 풀어 나가는 흐름과 형국이 많아질 것입니다. 즉 도道의 길을 걷고 도道를 펼치는 천지인조화역사가 이렇게 기쁘고 즐겁고 신명나는 것이구나 싶을 정도로 긍정적인 환경과 여건을 많이 조성할 것입니다.

7 모든 역사는 석문도문을 중심으로 먼저 시작되지만 세상도 석문도문의 그러한 흐름과 형국에 일맥·일관·일통하여 호환·파동·공명할 수 있도록 하늘의 신神들이 많은 준비와 대비를 해 둡니다. 최근에는 이를 조금 더 직접·적극·능동적으로 진행하기 위해 하나님이 신神들에게 "석문도법에 의한 석문사상, 석문도담, 석문호흡으로 인간이 신神이 되게 하여 지구와 이 태공을 완성하고 추수

하여 결結 지으려고 하는 섭리의 진리적 사실을 인류의 보편의식으로 받아들일 수 있도록 환경과 여건을 조성하라. 이를 위해 천지인 섭리·율법·법도에 입각하여 그에 합당하게 영화나 드라마, 노래처럼 지상의 유행, 시류, 세태를 만들어 가는 세상 문화와 문명에 그러한 흐름과 형국이 반영되도록 조금 더 직접·적극·능동적인 방법·방식·방편으로 천지인조화역사를 진행하라."는 천명天命을 내리기도 했습니다.

8 이러한 흐름과 형국 속에서 특히 선천을 이끌어 왔던 종교와 같은 문화와 문명들이 본래의 빛과 힘, 가치에 합당하게 자기 자리를 잡게 됩니다. 오랫동안 세상 사람들에 의해 덧칠되고 왜곡되어져 왔던 부분이 마치 2015년 새해의 사자성어인 정본청원正本淸源, 회천재조回天再造, 사필귀정事必歸正처럼 성현들이 애초에 말했던 그 빛과 힘, 가치를 되찾아 당대에 필요했던 자기 위상으로 되돌아갑니다. 그래서 종교는 완성도법이 내려왔다는 사실을 증거하고 증명하는 가운데 자기 역할을 다하고, 그 본래의 빛과 힘, 가치가 녹아 있는 후천완성도법인 석문도법에 집약, 집중될 것입니다.

9 이전에도 이러한 흐름과 형국이 하늘의 신神들을 통해 조성되어 왔지만 직접적인 천명을 내린 것은 처음입니다. 이것은 이제부터

이러한 흐름과 형국을 직접 표면화시키겠다는 하늘의 뜻을 드러낸 것입니다.

10 그래서 지상 하나님이 직접 모습을 드러내지는 않겠지만, 그만큼 더 '지상 어디에 계신다'라는 존재감이 드러나게 되어서 모든 존재들과 이 지상에서 동고동락, 동병상련하여 같이 함께 더불어 하고 있음을 천하만민들이 알게 되는 흐름과 형국이 만들어질 것입니다.

11 화황군化皇君을 드러냈을 때 하늘의 신神들이 그와 관련된 천지인 섭리·율법·법도에 대해서 적용·실행·구현했던 만큼, 하나님이 세상에 존재감을 드러내기 시작하면 절대존재와 절대존재에게서 나오는 절대권능에 대한 중심과 테두리를 세울 수 있는 천지인 섭리·율법·법도가 적용·실행·구현되는 것이 중요한 천지인조화역사로 부각됩니다.

12 이러한 경우 천지인조화역사는 천지인 섭리·율법·법도 중 용用인 법도부터 드러나는 쪽으로 방향을 잡게 됩니다. 수련의 과정이 하주, 중주, 상주로 올라가는 것처럼 용用인 법도부터 시작하여 차근차근 과정과 절차를 밟아 체體인 율법과 본本인 섭리까지 올라가

는 것입니다.

13 이렇게 서서히 선천시대와는 다른 하늘의 문화와 문명을 가진 조화선국이 열리기 시작하는데, 석문도문이 이렇게 변화하면 세상에도 이러한 변화와 연관된 흐름과 형국이 생겨납니다. 그중 대표적인 예를 하나 들면, 남녀가 점차 동등하게 인정·존중·배려받아 평등해지는 가운데 성性의 차이에서 오는 구분보다 인간으로서의 보편적 존재성과 존재가치라는 공통분모에 더 집중하게 되는 세태가 만들어지는 것을 말할 수 있겠습니다.

14 이러한 흐름과 형국은 곧 하늘의 문화와 문명을 받아들이게 하는 기틀이 됩니다. 석문도문을 통해 내려오는 하늘의 문화와 문명은 지상 남녀의 성性에 대해서 천지인 섭리·율법·법도에 입각하여 그에 합당하게 인정·존중·배려합니다. 즉 남성을 100으로 인정·존중·배려하면 여성도 100으로 인정·존중·배려하되 존재성에 있어서는 '하나의 인간', '하나의 존재'라는 관점에서 동등하게 접근합니다.

15 이것은 현재 실재하는 석문도법에 의한 석문호흡의 수련 과정을 통해서도 실질적으로 이루어져 가고 있는 사실입니다. 석문도법

에 의한 석문사상, 석문도담, 석문호흡 공부를 하게 되면 이러한 관점은 크게 세 단계를 거치게 됩니다.

16 첫 번째 단계는 분성적 分性的 가치관과 관점으로 여자와 남자를 바라보는 것입니다. 여자와 남자를 존재하는 그대로 여자와 남자로 인식하는 것으로, 여자는 여성으로 그 특성·특징·특색을 있는 그대로 보고, 남자는 남성으로 그 특성·특징·특색을 있는 그대로 보아 남녀의 빛과 힘, 가치를 각각 인정·존중·배려하는 가치관과 관점을 말합니다.

주로 하주가 깨어나는 와식에서 온양까지 수양적 修養的 공부과정에서 형성된 의식과 의식체계를 기반으로 이러한 가치관과 관점이 형성됩니다.

17 두 번째 단계는 중성적 中性的 가치관과 관점으로 인간을 인간 그대로 인식하는 것입니다. 남녀의 구별을 넘어 인간이라는 한 존재로 그 특성·특징·특색을 있는 그대로 보는 것이 생겨납니다. 이러한 가치관과 관점이 생기면서 남녀노소를 균형형평성과 기회균등성에 입각하여 인간으로서의 존재성 그대로 평등하게 보고 그 가치의 다양성을 인정·존중·배려하게 됩니다. 즉 남자는 남자, 여자는

여자, 연장자는 연장자, 젊은이는 젊은이, 어린이는 어린이대로 가지고 있는 공통의 빛과 힘, 가치를 있는 그대로 인정·존중·배려하게 되는 것입니다.

주로 중주가 깨어나는 대주천에서 채약까지의 수도적修道的 공부 과정에서 형성된 의식과 의식체계를 기반으로 이러한 가치관과 관점이 형성됩니다. 이때는 마치 갱년기更年期를 겪는 사람처럼 남성은 다소 여성화되기도 하고 여성은 다소 남성화되기도 하는 등 신경과 신경체계에 다소 교란·산란·혼란이 생겨나면서 감정의 굴곡이 심해지기도 합니다.

이것은 몸에 문제가 생긴 것이 아니라 지금까지 남자면 남자, 여자면 여자로 치우쳤던 호르몬이 이 단계에서 균형을 맞추면서 생기는 자연스러운 현상입니다. 인간 생애주기6)의 경우에도 14세에서 24세까지 2차 성징이 드러나 남녀 성별이 안착된 상태로 지내다가, 48세 정도 갱년기에 들어가면 호르몬 비율이 이전과 다르게 흐트러졌다가 교란·산란·혼란 속에서 다시 균형이 맞춰지는 것

---

6) 인간 생애주기에 관한 설명은 석문도문의 기본서인 『석문사상』(석문출판사, 2013) 중 「태공과 인간 생애의 원형 주기」편(77~84면)에 자세히 수록되어 있다.

처럼, 중성적 가치관과 관점이 형성되는 대주천과 채약 사이의 공부과정에서 균형을 회복하는 차원으로 그러한 현상이 일어나게 됩니다.

또한 이 과정은 주로 중주를 공부하는 시기이므로 감정적인 변화도 많이 있게 됩니다. 그래서 이때 내외삼욕內外三欲과 칠정七情을 기본적으로 정리하게 되는데, 내외삼욕과 칠정의 수준을 보편적인 평균점에 비추어 낮은 것은 높게, 높은 것은 낮게 하여 일괄적으로 평준화시킨 다음 전체적인 수준을 끌어올리게 됩니다. 그래서 이때 감정의 굴곡이 심해지기도 합니다.

중년의 석문인들은 갱년기에 들거나 나이가 들어서 생기는 자연스러운 현상으로 보고 크게 문제 삼지 않아 특별하게 인식하지 않는 경우가 많지만, 젊은 석문인들은 주변 동년배들에게 나타나지 않는 현상이 자신에게 나타나기에 다소 불안하게 생각하는 경우가 있습니다. 따라서 이 단계의 수련을 하고 있는 석문인들은 이때가 중성적 가치관과 관점을 형성하게 되는 시기임을 알고 있으면 좋습니다.

[18] 세 번째 단계는 무성적無性的 가치관과 관점으로 인간에게 내재된

신성 그 자체, 즉 천지인의 존재로서 창조된 빛 그 자체의 특성·특징·특색을 인식하는 것을 말합니다. 이것은 여자와 남자를 넘어 인간이 지어진 근본 신성의 빛을 있는 그대로 보는 것을 말합니다.

주로 기화신 이후 도계에 승천하는 도道적인 공부과정에서 형성된 의식과 의식체계를 기반으로 이러한 가치관과 관점이 생겨나게 됩니다. 또한 남녀의 성性에 대한 개념뿐만 아니라 노소老少에 대한 개념도 유사한 이치로 상승·확장·발전됩니다.

마치 인간의 생애에서 남녀 성징性徵이 없을 때는 그냥 아이로 부르다가 성징이 드러나 안착되면 여자와 남자로 인식하고, 이후 갱년기를 넘어 노년기가 되면 다시 성性의 구분 없이 노인이라는 존재로 인식하는 것처럼, 기화신 이후부터 여자와 남자, 노인과 아이를 구분하지 않고 본래의 신성체神性體로 인식하는 가치관과 관점으로 회귀하기 시작합니다.

도계 입천 이상의 경지에 이르기 시작하면 기본적인 신성이 온전히 드러나 신성을 본本으로 하고 인성을 용用으로 삼아 쓰기 시작하는데, 이러한 경지를 안착화시키기 위한 심신心身의 상태가 과도기적으로 나타날 수 있습니다. 즉 신성이 많이 드러나는 모습과 인성이 어느 정도 드러나는 모습이 주기적으로 반복되듯 오가면서 다소 불안정해 보일 때가 있는 것입니다.

[19] 이렇게 석문도법에 의한 석문호흡 공부는 인간의 생애주기와 일맥·일관·일통하여 호환·파동·공명하고 있으며, 현재 세상의 흐름과 형국 또한 석문도법에 의한 석문호흡 공부과정과 인간의 생애주기를 더욱 명확하게 반영하는 쪽으로 흘러가고 있습니다.

앞서 이야기한 것처럼 점차 남녀가 동등하게 인정·존중·배려받아 평등해지는 가운데 성性의 차이에서 오는 구분보다 인간으로서의 보편적 빛과 힘, 가치라는 공통분모에 더 집중되는 흐름과 형국이 일어나고 있습니다.

달리 말하면 이러한 세태는 앞으로 인류가 석문도법에 의한 석문사상, 석문도담, 석문호흡을 일맥·일관·일통으로 호환·파동·공명하여 자연스럽게 받아들이도록 세상의 흐름과 형국 또한 그와 유사하게 흘러가게 하는 천지인조화역사의 일환인 것입니다.

[20] 이러한 흐름과 형국은 앞으로 더 크고 깊게 일어나게 되는데 그것은 신神들이 더욱 직접·적극·능동적으로 천지인조화역사를 하게

된다는 뜻이며 석문도법이 대중화·인류화·세계화되어 가는 더 큰 토대와 여건이 조성된다는 뜻입니다.

21 석문도문 내부로 보면 이것은 많은 석문인들이 도계에 승천하고, 도계에 승천한 분들은 자신의 근본자리를 찾고, 근본자리를 찾은 분들은 도통신인道通神人이 되어 가는 흐름과 형국이 더 크게 일어난다는 것을 의미하며, 이와 더불어 이제 순수인간들도 도계에 승천하기 시작할 때가 되었다는 것을 의미합니다.

22 이미 이야기한 대로 양신 단계 이후에는 순수인간행성인 포함과 근본이 신神이었다가 인간으로 온 존재들의 공부과정과 절차에 있어 많은 차이가 있습니다. 이천도계에 승천하는 것만 놓고 보아도, 완성도계에서 내려온 존재가 자신의 원신을 찾아 이천도계에 승천하는 것에 비하면 10배 이상 스승의 공功과 수도자 자신의 공덕과 노력이 필요합니다.

완성도계에서 내려온 존재들이 하늘로 승천하는 과정은 사실상 금제를 해제하고 봉인을 열고 결계를 풀어 나가는 가운데 자신의 완성본자리를 회복해 나가는 과정이지만, 순수인간행성인 포함들은 거듭남 창조역사가 필요한 것처럼 사실상 완전히 새롭게 열어 나가는 과정이기 때문입니다.

그래서 지로사, 도반을 막론하고 많은 석문인들이 이제 순수인간 행성인 포함의 공부과정과 절차에 대해서 일정 정도 이해하고 있어야 합니다. 그렇지 않으면 지금까지와 다른 양상의 공부 흐름과 형국이 드러날 때 뜻하지 않은 교란·산란·혼란이 생길 수도 있기 때문입니다.

23 이해를 돕기 위해 앞서 근본이 신神인 존재들과 순수인간 행성인 포함으로 양분하여 공부의 과정과 절차에 차이가 있음을 설명하였지만, 사실 근본이 신神인 존재들도 각기 그 존재성과 존재가치에 따라 하늘에 승천하는 과정과 절차에 모두 차이가 있습니다.

완성도계에서 내려온 경우에도 조화천궁造化天宮, 한명신궁桓命神宮, 천궁天宮, 천명신궁天命神宮, 밀명신궁密命神宮, 칠신궁七神宮, 십일천도계十一天道界 등 각각 차이가 있으며 완성도계, 후천도계, 선천도계도 차이가 있습니다. 또한 같은 도계에서 왔다고 해도 그 품계品階에 따라 다소 차이가 있습니다.

24 하늘에서 인성적인 영역 이상의 광대역을 모두 금제·봉인·결계

시켜 지상으로 내려보낸 존재가 곧 신神입니다. 그렇게 금제·봉인·결계를 해서 내려보내야 인간으로 살아갈 때 교란·산란·혼란을 최소화시킬 수 있습니다. 그래서 금제·봉인·결계는 인간으로 살아갈 수 있게 하는 보호장치이기도 하면서 신神이 되어 하늘로 승천할 때 인정하고 극복하고 뛰어넘어야 할 장애·방해·걸림이기도 합니다.

또한 근본이 신神이라고 해서 모두 같은 시스템, 같은 수준의 금제·봉인·결계가 적용·실행·구현되지는 않습니다. 즉 천지인 섭리·율법·법도에 입각하여 그에 합당하게 100의 광대역을 가진 존재이면 100의 광대역에 맞게, 10의 광대역을 가진 존재이면 10의 광대역에 맞게 금제·봉인·결계를 적용·실행·구현해서 내려보내는 것입니다.

자신이 채워야 하는 공부도 그러합니다. 100의 광대역을 가진 존재는 최종적으로 100의 광대역을 채워야 하지만 각 과정에서도 과정의 정도에 비례한 100을 채워야 다음 공부가 열리게 되고, 마찬가지로 10의 광대역을 가진 존재는 최종적으로 10의 광대역을 채워야 하지만 각 과정에서도 과정의 정도에 비례한 10을 채워야 다음 공부가 열리게 됩니다.

²⁵그렇기 때문에 근본이 신神인 존재들이 하늘로 승천할 때 금제를 해제하고 봉인을 열고 결계를 푸는 핵심 열쇠가 모두 다릅니다. 하나하나의 신명체神明體에 적용된 구성 요건이 다른 만큼 금제·봉인·결계도 각각 다르기 때문에 그것을 해제하고 열고 풀어 가는 과정과 절차도 모두 다르게 적용·실행·구현되는 것입니다.

그래서 같은 도계의 같은 품계인 존재라 할지라도 각각의 존재마다 금제를 해제하고 봉인을 열고 결계를 풀어 내는 과정과 절차에 차이가 있습니다. 예를 들어 십이천 천궁 내성 내궁에서 온 동일한 태사泰師급 품계의 신神이라 해도 각 존재마다 금제를 해제하고 봉인을 열고 결계를 풀어서 공부를 인도하는 핵심 열쇠는 모두 다릅니다.

이러한 이유로 지금의 후천을 존재의 다양성 시대라고 표현할 수 있으며, 결국 불비타인不比他人은 이런 관점에서도 모두 일맥·일관·일통하여 호환·파동·공명하는 이치와 원리입니다.

²⁶근본적인 관점에서 한 가지 더 이야기하면, 지상 하나님과 근본이 신神인 존재들은 하늘에서 내려왔다는 것은 같지만 금제·봉인·결계의 체계 자체가 완전히 다릅니다. 지상 하나님의 몸을 말하는 천

신체天神體와 근본이 신神인 존재의 몸을 말하는 신명체神明體는 만들어진 차원이 전혀 다르기 때문입니다. 이런 맥락에서 하나님의 경우 금제·봉인·결계를 해제하고 열고 풀어 가는 흐름과 형국을 시운時運이라 하지 않고 '죽인화미에 의한 죽인화미체계'라고 합니다.

27 각자 다른 빛과 힘, 가치를 지닌 신명체들의 금제·봉인·결계를 큰 개념으로 접근해서 보면 모두 하나님의 죽인화미에 의한 죽인화미체계와 연결되어 있습니다. 예를 들어 앞서 이야기했듯이 완성도계의 존재들이 일정 이상 나와야, 즉 그들이 자신의 금제를 해제하고 봉인을 열고 결계를 풀고 완성도계에 승천하여 자신의 근본 존재성과 존재가치를 찾아 회복해야 하나님의 죽인화미에 의한 죽인화미체계가 풀려서 순수인간행성인 포함의 거듭남 창조역사가 천지인 섭리·율법·법도에 입각하여 그에 합당하게 제도적으로 인가되어 적용·실행·구현될 수 있게 됩니다. 태공 안에 모든 것은 하나님 품 안의 존재들이기에 각자의 금제·봉인·결계와 같은 체계들은 모두 서로 맞물려 하나님을 향해 맞춰져 있습니다.

이러한 이치와 원리는 개체뿐만 아니라 하늘의 계열이나 품계는 물론 모든 집단에도 동일하게 적용됩니다. 그래서 태공 안에 모든 것은 나누어져 있는 것처럼 보이지만 실제로는 하나님 품 안에서 하나님 중심의 통합적 개념으로 천지인 섭리·율법·법도에 입각하여 그에 합당하게 하나로 일맥·일관·일통하여 호환·파동·공명하고 있습니다.

²⁸이처럼 하늘은 천라지망이기에 석문도법에 의한 석문사상, 석문도담, 석문호흡을 통해 사람이 신(神)이 되는 과정과 절차에 막연하고 애매하고 모호한 것이 없습니다. 당연히 하늘이 지상에 내려오는 과정과 절차도, 석문도문이 조화선국을 이루어 가는 과정과 절차도 어느 것 하나 막연하고 애매하고 모호한 것이 없습니다.

지금 이 시기에 이러한 창조섭리를 드러내는 것은 석문도문의 석문인은 물론 지상 인류 모두가 이러한 섭리의 진리적 사실에 대해 보편적인 의식·인식·습관을 형성하여 조화선국을 열어 갈 때가 되었음을 뜻합니다. 다만 현재 적용·실행·구현의 빛과 힘, 가치를 본격적으로 쓸 수 있는 지상의 토대와 여건이 다소 부족한 부분이 있습니다.

예를 들어 후천에 즈음하여 지구 인구의 70%를 차지하는 순수인간과 행성인에 대한 인정·존중·배려를 통해 그 존재들을 표면화하여 드러내고 그들의 공부를 진행시켜서 하늘로 승천하게 하는 과정을 보편화하여 거듭남의 기회를 열어 주어야 할 준비와 대비가 되어 있어야 하는데 그러기 위해서는 완성도계 신神들이 최대한 많이 자신의 근본자리를 찾아야 합니다. 그래서 석문급변과 급진을 열고 여러 환경과 여건을 조성했으나 이에 맞는 천지인조화 역사를 열어 가기에는 다소 미흡한 부분이 있습니다.

29 완성도계에서 내려온 존재들이 자신의 자리를 많이 찾을수록 수많은 순수인간과 행성인도 하늘로 승천하게 되고, 이 지상에 천지인 섭리·율법·법도에 입각하여 그에 합당한 하늘의 문화와 문명이 그만큼 내려오게 됩니다. 그러한 과정을 밟아 가는 가운데 지십승地十勝을 이루고 천십승天十勝을 이루게 되면 지상의 가족, 사회, 국가, 지구촌 개념 중 70%가 천상의 개념으로 적용·실행·구현됩니다. 그때는 하나님과 신神들, 그리고 하늘세계에 대한 이 세상 사람들의 마음과 마음가짐, 즉 의식·인식·습관이 반딧불과 태양의 차이처럼 지금과는 매우 큰 격차를 보이게 될 것입니다.

30 지상 인류뿐만이 아닙니다. 이것은 곧 이 지상을 표본標本으로 칠천다계七天多界 | 칠천도계七天道界의 모든 우주천宇宙天으로 상승·확장·발전되어 그들의 문화와 문명에도 하늘의 문화와 문명을 내리게

될 것입니다. 즉 칠천다계 안에 지구권 우주천이 표본이 되고, 지구권 우주천 안에 동광계東光界가, 동광계 안에 우리 은하가, 우리 은하 안에 태양계가, 태양계 안에 지구가, 지구 안에 한반도, 한반도 안에 한국, 한국 안에 석문도문이 표본이 되어 칠천다계의 모든 곳을 지상 하나님의 나라인 조화선국처럼 만들게 될 것입니다.

31 이러한 태공의 천지인조화역사를 만들어 가는 지상의 중심인 석문도문에 바로 석문인 여러분들이 자리하고 있습니다. 이 점을 항상 염두에 두고 수련과 도무, 일상생활에 자신의 빛과 힘, 가치를 나투고 밝히고 나누어 본립이도생으로 석문도법石門道法, 도성구우道成救宇, 도통신인道通神人, 광명천로光明天路, 광명대도光明大道, 조화광명造化光明, 조화선국造化仙國을 열어 가는 석문인이 되기를 바랍니다.

한조님말씀 33

桓紀 27年 1月 19日
(2015. 3. 9)

양신 수련 시 몰입에 관한 세부 사항

1 양신 수련은 몰입을 깊게 할 수 있고, 그 상태에서 내면공간을 명료하게 인식할 수 있게 되면 사실상 공부의 50% 정도가 진행되었다고 할 수 있습니다. 양신 수련의 몰입에 관해서 조금 더 세부적인 내용을 살펴보면 다음과 같이 이야기할 수 있습니다.

2 처음에 '도광신력을 천문天門|백회百會으로 받아서 하단전下丹田 여의주로 보낸다'라는 심법을 걸고 시선을 하주쪽으로 넌지시 바라보면서 심신을 최대한 이완시켜 천천히 내면으로 젖어들어갑니다. '도광신력을 천문으로 받아서 하단전 여의주로 보낸다'라는 심법에는 수련자의 육신을 이완시키면서 의식체의식과 의식체계를 육신에서 분리하고, 그렇게 분리하는 가운데 몰입이 되도록 하는 빛과 힘, 가치가 들어 있습니다.

3 그래서 이렇게 심법을 걸고 수련을 진행하다 보면 육신이 분리되면서 점차 몰입이 되기 시작합니다. 그때는 마치 사지의 맥이 풀리는 듯한 느낌이 들거나 육신이 물먹은 솜처럼 가라앉는 듯한 느낌이 듭니다. 수련을 하지 않는 분들은 이 정도의 몰입에 들어가게 되면 수면의식에 빠지게 됩니다. 하지만 수련을 해 왔던 분들은 이

정도로 몰입하게 되면 수면의식보다 더 깊이 들어가서 내면공간에 접근하게 됩니다.

4 보편적으로 사지의 맥이 풀리거나 물먹은 솜처럼 가라앉는 느낌이 들기 시작하면 의식체가 육신에서 30% 정도 분리되어 몰입되는 것이며, 그렇게 되다가 비몽사몽하는 느낌이 드는 경우는 50% 정도 분리되어 몰입되는 것이고 육신이 없어지기 시작하면서 내면공간을 유영해서 앞으로 나가는 것처럼 느끼기 시작하면 70% 정도 분리되어 몰입되는 것이며, 육신이 완전히 사라져서 공중에 떠 있는 상태로 자신이 주체적으로 유영하기 시작하면 사실상 거의 100% 정도로 분리되었다는 것을 뜻합니다.

의식체가 육신에 많이 남아 있는 상태가 지속되는 가운데 내면공간을 인식하게 되면 공간이 자신에게 다가오는 것 같은 현상들을 겪게 되고, 보이고 들리는 것들이 지상의 인간적인 의식·인식·습관과 혼재되기 때문에 많은 교란·산란·혼란을 겪기도 합니다. 즉 자신의 인간적인 의식·인식·습관의 작용이 크게 일어나서 내면공간에서 보이고 들리는 것에 덧칠을 하거나 왜곡현상을 일으키기도 하는 것입니다.

⁵ 그래서 의식체가 30% 정도 분리되어 내면공간에 몰입되고, 육신에 70% 정도 남게 되면 평면 흑백TV를 흐리게 보는 것 같은 현상이 일어납니다. 의식체가 50% 정도 분리되어 내면공간에 몰입되고, 육신에 50% 정도 남게 되면 평면 컬러TV를 흐릿하게 보는 듯한 현상이 일어납니다. 대체로 내면공간에 의식체가 50% 이하로 들어가 있으면 자신이 움직이는 것이 아니라 화면이 자신에게 다가오는 것처럼 느껴집니다. 의식체가 내면공간에 70% 정도 몰입이 되고 육신에 30% 정도 남게 되면, 3D컬러 영화를 보는 것 같은 현상이 일어납니다. 내면공간에 100% 몰입되면 현실 그 자체를 보는 것처럼 생생한 생명력을 가지게 됩니다.

⁶ 그렇게 몰입도를 높여 가면서 내면공간에 들어가는 초입에는 다양한 느낌이 오는데 양신 수련을 시작한 지 얼마 안 되었을 때는 뚝 떨어지는 느낌이 흔하게 듭니다. 육신 중심에서 의식체 중심의 운용체계로 옮겨 가는 과정에서 흔히 느껴지는 현상입니다.

드물기는 하지만 몰입을 계속하다 보면 처음에 몸이 점점 부풀어지다가 어느 순간 사라지는 듯한 경우도 있습니다. 이것도 몰입될 때 나타나는 현상 중 하나입니다. 인간의 육신이라는 유형有形의 공간에서 내면공간이라는 무형無形의 공간으로 넘어가게 될 때 이러한 공간의 메커니즘을 그대로 인식하게 되면 이런 느낌을 받을 수도 있습니다.

7 그리고 몰입을 하다 보면 어느 순간 비몽사몽하는 듯한 느낌이 있을 수도 있습니다. 이것은 더 깊은 영역으로 들어가는 경계를 지날 때 일어나는 현상입니다. 수면의식의 영역이 인간의 유형과 무형의 접도구역이므로 이 영역을 지날 때 깜빡 조는 듯하면서 비몽사몽하는 듯한 느낌을 받게 됩니다.

일반 사람들은 여기까지 오면 바로 수면의식으로 들어가게 됩니다. 석문호흡 수련자라고 해도 자신의 정기신과 육신의 상태에 따라 수면의식에 빠져서 깊은 내면공간으로 들어가지 못할 때도 있습니다.

8 양신 수련을 처음 시작하여 의식체가 여기까지 몰입해 들어가면 그 느낌이 이상하고 낯설고 불편할 수 있습니다. 하지만 그 자체에 문제가 있는 것은 아닙니다. 의식체가 육신에서 분리되어서 그 정도까지 몰입해 들어갔던 경험이 없었기 때문에 일어나는 자연스러운 현상입니다.

이럴 때일수록 더욱 시도를 많이 해야 합니다. 시도를 많이 할수록 서서히 그러한 현상에 적응되기 시작하면서 깊이 몰입하는 데 필요한 시간이 짧아져서 이상하거나 낯설거나 불편하지 않고 자연스러워집니다. 뚝 떨어지는 느낌이 나더라도 자꾸 시도하다 보면 나중에는 결이 난 자리를 가듯 자연스럽게 내면공간으로 들어가는 느낌을 받게 됩니다. 이 정도가 되면 이상하거나 낯설거나 불편한 느낌을 더 이상 받지 않습니다.

9 그렇게 내면공간에 깊이 들어간 상태에서 검거나 하얀 공간이 입체적으로 보이기 시작하면 보이는 공간의 정중앙을 넌지시 바라보면 됩니다. 그런데 몰입 도중 정면에 검은 공간이 나타나면 그것을 보인다고 인식하지 않는 경우가 제법 있습니다. 하지만 그것 또한 보이는 것입니다.

물론 '본다'라는 것을 양신 수련을 하는 사람들이 육신의 시각적인 차원에서 이해하려고 해서 '인식한다'라고 표현하지만, 사실은 그것 또한 보이는 것입니다. 본다고 표현하기 어려울 정도로 아무것도 보이지 않는 듯이 검게 보여서 보고 있다고 인식하지 않지만 실제로는 그것이 보이는 것입니다.

¹⁰ 예를 들어 밝은 공간에 있다가 갑자기 매우 어두운 공간으로 들어가면 모든 것이 검게 보입니다. 이때는 무엇을 보고 있지 않은 상태가 아니라 사실은 검은 것을 보고 있는 것입니다. 비슷한 이치와 원리로 내면공간으로 들어갔을 때 특정한 무엇이 보이지 않고 단지 검게만 보인다고 하더라도 사실 이미 보이는 대로 인식하고 있는 상태입니다. 그래서 검거나 하얀 공간감이 인식되면 인식되는 공간의 정중앙을 넌지시 바라보면 됩니다.

¹¹ 사실 이렇게 정중앙을 넌지시 바라본다는 것은 쉬운 과정이 아닙니다. 살아온 동안 의식체가 육신에 적응되어 있기 때문에 분리하기가 쉽지 않고 의식체가 육신에서 분리되었을 때도 분리되는 그 순간의 낯선 느낌이 일종의 장애·방해·걸림이 되어서 육신으로 의식체가 다시 돌아가는 경우도 흔히 일어납니다.

즉 의식체라는 빛 덩어리의 인식 시스템을 운용해 본 적이 없기 때문에 육신에서 의식체를 분리하는 과정은 마치 어린아이가 걸음마를 배우기 시작하는 과정과 같습니다. 그래서 이때는 의식체가 분리되어 운용이 된다 해도 기초적인 것만 먼저 운용이 됩니다.

¹² 일단 의식체가 분리되어서 몰입을 하게 되면 의식체는 인식 시스

템을 운용해서 내면공간을 인식하게 되는데 사실 내면공간에서는 인식할 수 있는 빛의 영역이 매우 광범위합니다.

그래서 의식체는 일단 광도를 높여서 그 빛을 인식해야 할 대상에 닿게 합니다. 광도에 의해서 빛이 닿게 되면 대상이 인식되기 시작합니다. 그리고 그와 함께 밀도를 높입니다. 밀도를 높이기 위하여 시야의 범위, 그러니까 사람의 눈으로 치면 수정체를 좁히듯, 초점을 좁혀서 인식인자認識因子의 비율을 높이는 방식으로 작동되게 합니다. 그렇게 하면 현재 가진 빛대를 최대로 효율적으로 운용하여 대상을 조밀하게 인식하게 됩니다. 그래서 밀도는 곧 인식의 조밀도稠密度를 형성한다고 할 수 있습니다. 그 다음에는 순도를 높입니다. 순도를 높이게 되면 대상을 명료하게 볼 수 있습니다. 그래서 순도는 인식의 선명도鮮明度를 형성한다고 할 수 있습니다.

13 그렇지만 이렇게 의식체가 광도·밀도·순도의 빛과 힘, 가치를 운용해서 시스템적으로 대상을 인식할 수 있게 되도 그것이 무엇인지 쉽게 알 수 없습니다. 한번도 본 적이 없는 것은 판단의 근거가 없기 때문에 인식이 된다 해도 무엇을 보고 있는지 모릅니다. 그래서 계속해서 시도하고 또 시도해야 하는 것입니다.

어린아이가 처음에는 뭔가가 보여도 무엇인지 모르다가 계속해서 보면 무엇인지 알게 되어서 그것을 운용하는 것처럼, 내면공간에 계속 들어가서 인식하다 보면 조금씩 판단의 근거가 생깁니다. 즉 계속해서 보다 보면 의식체에 기록이 반복되고 쌓이면서 무엇인지 알게 되는 것입니다.

14 이런 측면에서 보면 정중앙을 넌지시 바라보기 힘든 이유는 결국 인식 범위를 좁혀서 조밀하게 집중하는 것이 잘되지 않기 때문입니다. 사실 이렇게 되면 순도를 통해서 선명도를 높이는 것, 즉 빛 그대로 호환·파동·공명하여 인식하기 위해 접근하는 것도 쉽지 않습니다. 결국 내면공간에 들어가는 것도, 그리고 인식하는 것도 모두 광도·밀도·순도와 관계가 있는 것입니다.

15 그렇게 정중앙을 넌지시 바라보기 힘든 상태로 내면공간에 들어가 있을 때는 여의주를 찾아가는 다음 과정을 진행하는 것 또한 힘듭니다. 이러한 상황에서 필요한 방법이 바로 도광신력을 충분히 받는 것입니다. 예를 들어 내면공간이 인식되었을 때 바로 '내 여의주를 찾아간다'라고 심법을 거는 것이 아니라, 위에서 말한 광도·밀도·순도의 빛과 힘, 가치가 충분히 운용될 수 있도록 도광신력을 받아 충만해질 때까지 기다린 후에 자신의 여의주를 찾아가

는 것입니다. 즉 도광신력을 받아 충만한 상태에서 자신의 여의주를 찾아가야 합니다.

16 결국 내면공간으로 몰입하는 과정과 몰입하여 인지·인식·인정하는 과정에서 가장 중요한 것 중 하나는 광도·밀도·순도를 유지·관리·발전시키는 것입니다. 내면공간으로 들어가는 데 장애·방해·걸림이 있게 되면 내려오는 도광신력은 수련자의 장애·방해·걸림을 걷어내어 광도·밀도·순도를 높이는 데 먼저 쓰입니다. 또한 내면공간에서 인식할 때도 광도·밀도·순도가 높을수록 대상을 명료하게 인식하여 세밀하고 선명하게 볼 수 있습니다.

17 따라서 도광신력을 더욱 합리적이고 효율적으로 받아 세 개의 여의주가 일원일광이 되어 내면공간에 깊게 몰입되는 가운데 인식력을 높이려면 먼저 순수한 마음과 마음가짐으로 도심을 형성하고, 행공과 운기복습을 자주 틈틈이 하며, 채식 위주의 담백한 섭생을 하여 경락의 순도를 높여서 정기신 삼주의 광도·밀도·순도를 높일 수 있도록 하면 좋다고 말하는 것입니다.

18 창조섭리에 입각하여 만들어진 석문도법과 석문도법체계에 따른 석문호흡수련은 이처럼 일정한 기준과 원칙에 따른 체계·논리·

합리성을 통해서 자신의 근본존재를 찾을 수 있도록 그 과정과 절차, 그리고 체제가 단편적·복합적·입체적·통합적·다원적·다차원적으로 맞물려 돌아가도록 되어 있습니다. 그래서 어떤 것 하나도 임의적이거나 개별적으로 진행되는 경우는 없습니다. 석문인이 공부하는 석문도법은 그래서 후천완성도법이라고 하는 것입니다.

석문인들은 이러한 이치와 원리를 잘 숙지하여 차분하고 침착하고 무심하게 일념정진, 용맹정진한다면 좋은 결실을 얻을 수 있을 것입니다.

같이 함께 더불어

석문도문

한조님말씀 34

桓紀 27年 2月 3日
(2015. 3. 22)

도계 공부의 이치와 원리

1 각 도계에는 그곳에 합당한 빛의 차원적인 광대역이 있습니다. 예를 들어 이천도계에는 이천도계의 최대 창조 온도와 최저 창조 온도가 있습니다. 그래서 입천을 하여 이천도계의 존재가 되면 이천도계의 존재로서 형성해야 하는 광도·밀도·순도의 최대 임계점과 최저 임계점을 가지게 됩니다. 이러한 이치와 원리에 따라 이천도계에 승천한 석문인들은 자신의 빛과 힘, 가치가 이천도계의 최대 임계점과 최저 임계점 내에 보편적으로 형성될 수 있도록 자신의 의식과 의식체계에 따른 광도·밀도·순도, 특성·특징·특색, 품성·품위·품격을 그만큼 갖춰 나가야 합니다.

2 이를 위해 계속해서 스스로를 성찰하고 탐구하는 가운데 순수하고 순일한 마음과 마음가짐으로 도심을 형성하고, 행공과 운기運氣 복습을 자주 틈틈이 하며, 채식 위주의 담백한 섭생을 하여 경락의 광도·밀도·순도를 상승·확장·발전시켜서 일정 수준을 유지하는 가운데 해당 도계의 원신과 합일하는 횟수를 최대한 높여야 합니다.

합일의 횟수만큼 중요한 것은 합일의 정도, 즉 합일도인데 지상에서 양신과 합일하여 하늘로 승천하는 그때 얼마만큼 광도·밀도·순도를 형성해 두었느냐에 따라서 이천도계 원신과의 합일도가 달라집니다.

즉 지상 육신의 의식과 의식체계가 기본적인 신성과 신성체계를 형성해서 양신과 합일하여 올라오는데 이때 신성과 신성체계가 형성한 광도·밀도·순도, 특성·특징·특색, 품성·품위·품격이 어느 정도의 수준으로 형성되었는가, 그리고 얼마만큼 지속적인 안정성을 가지고 있는가에 따라 이천도계 원신과의 합일도가 결정됩니다.

3 그래서 꾸준히 하늘에 승천하여 합일도를 높여 가면서 원신과 합일을 해야 하는데, 이때 중요한 사실 중 하나는 원신의 빛과 힘, 가치를 양신에 내려받아서 양신을 통하여 육신으로도 그 빛과 힘, 가치를 내려받아야 한다는 점입니다. 왜냐하면 육신에 그 빛과 힘, 가치를 내려받아야 지상분신이 천상의 자신과 점차 하나가 될 수 있기 때문입니다. 그래서 양신과 합일하여 도계에 승천해서 원신의 빛과 힘, 가치를 내려받았다면 지상에 내려와서 육신에도 그 빛과 힘, 가치를 내려받아야 하는 것입니다.

이러한 이치와 원리로 인하여 만약 양신으로 원신의 빛과 힘, 가치를 내려받았어도 육신으로 내려받지 않았다면 사실상 그 빛과 힘, 가치를 내려받지 못한 것과 마찬가지인 결과가 나올 수도 있습니다. 따라서 도계 공부를 하는 분들은 원신과의 합일도를 높여 양신을 통해 원신의 빛과 힘, 가치를 충만하게 내려받고 또한 지상에 내려와서 그러한 빛과 힘, 가치를 자신의 육신에 충만하게 내려받아야 합니다.

4 원신과 100% 합일하게 되면 그후로는 기초적인 이천도계의 빛과 힘, 가치를 직접 내려받을 수 있게 됩니다. 그렇다 해도 기초적인 빛과 힘, 가치만 내려받기 때문에 계속해서 양신으로 내려받은 원신의 빛과 힘, 가치를 육신으로도 내려받을 수 있도록 해야 합니다. 그래서 수련을 꾸준히 하고 섭생을 지속적으로 관리해야 하는 것입니다.

5 결국 양신과 육신으로 꾸준하고 지속적으로 원신의 빛과 힘, 가치 신성과 신성체계|의식·인식·습관를 내려받아 원신의 마음과 마음가짐, 그에 따른 지혜와 안목을 그대로 형성하여 지상 육신도 그렇게 되도록 하면 도계 공부에 큰 진척을 볼 수 있습니다.

⁶ 만약 합일도가 충분하지 못하여 원신의 빛과 힘, 가치를 양신과 육신에 내려받는 과정과 절차가 안정적으로 진행되지 않으면 공부가 그만큼 더뎌집니다. 예를 들어 50% 정도의 합일도가 진행되어 50%만 내려받게 되면, 한 존재의 50% 정도는 해당 도계의 신성적 의식과 의식체계가 작용되고 나머지 50% 정도는 지상의 인성적 의식과 의식체계가 형성되어 상이한 두 의식으로 도계 공부를 하는 형국이 됩니다.

⁷ 그렇게 되면 도계를 천상식과 지상식으로 나눠서 보게 되어 덧칠과 왜곡이 일어납니다. 합일도가 70% 이상이 되면 도계를 거의 유사하게 인식하게 되어서 공부가 일정 정도 진행되기 시작하지만 50% 이하가 되면 공부가 진행되기 힘들어집니다. 50~30% 사이의 경우는 거의 빛으로만 인식됩니다. 30% 아래로 떨어지면 존재감만 느끼게 됩니다. 명확하게 보이지 않는 만큼 인성과 인성체계가 작용하고 공부가 답보되는 것입니다.

⁸ 원래 양신이 도계에 승천하면 원신은 자신의 영역 중에서 현재 보편적으로 머물고 있는 쪽으로 양신을 유도하게 됩니다. 이때 양신이 가지고 있는 광도·밀도·순도, 특성·특징·특색, 품성·품위·품격이 현재 원신이 머무는 영역에 합당한 수준 이상으로 갖춰져 있

다면 공부가 순조롭게 진행되지만 그렇지 못하다면 공부에 진척이 없을 수도 있습니다.

사실 지상분신은 도계의 원신이 공부를 어디로 이끌지 예상할 수 없습니다. 즉 어느 정도의 광도·밀도·순도가 필요한 영역으로 가게 될지 예측할 수 없다는 뜻입니다. 따라서 도계 공부를 하는 분들은 평상시에 자신이 할 수 있는 최선의 노력으로 광도·밀도·순도를 일정 수준 이상으로 갖추고 있어야 합니다.

9 일정 수준 이상의 광도·밀도·순도를 잘 갖추고 도계에 승천하여 원신과의 합일도를 계속해서 상승·확장·발전시키게 되면 점차 원신의 마음과 마음가짐을 닮게 됩니다. 이렇게 되려면 앞서 말한 광도·밀도·순도와 함께 자신의 마음과 마음가짐을 순수하고 순일하게 해 두는 것이 중요할 뿐만 아니라 여기에 진법체득을 통한 도심이 있어야만 원신이 인식하고 있는 지혜와 안목을 더욱 효율적으로 내려받을 수 있습니다.

10 도심을 기르려면 도적인 이치와 원리를 스스로 탐구하는 정성과 노력을 들여야 합니다. 그렇게 할 수 있도록 개념적 방향성을 잡아준 것이 '석문도법서와 석문사상서, 석문도담서'입니다.

석문도서石門道書에 담겨 있는 개념들을 지행합일·언행일치·표리일치·내외일치하는 가운데 눈빛·표정·자세·단어·용어·문장·말·말투·행동과 같은 작고 소소한 것에서부터 자연스럽게 섭리행을 실천하여 순수한 마음과 마음가짐으로 진법체득한 도심을 갖추어 해당 도계의 격格에 맞는 의식·인식·습관이 되도록 정성과 노력을 기울이다 보면 차츰 자연스럽게 지상의 분신이 천상의 원신을 닮아가게 됩니다.

인간으로 살아오면서 형성된 인성적 차원의 눈빛·표정·자세·단어·용어·문장·말·말투·행동을 스스로 인지·인식·인정하면서 그것을 해당 도계에 합당한 신성적 차원의 수준으로 정화·순화·승화, 조화·상생·상합해 나가면 변화하게 됩니다.

11 그러한 공부과정을 통해서 지상분신이 도계 공부를 진행할 만한 격格을 갖추고 양신이 그러한 격格에 맞는 광도·밀도·순도, 특성·특징·특색, 품성·품위·품격을 형성해서 도계에 승천하게 되면 원신이 그 다음 공부를 열게 되는 것입니다. 결국 이러한 관점에서 보면 지상분신의 양신이 도계에 승천했을 때 원신이 공부를 이끌 수 있는 지침 중 가장 중요한 사항은 바로 '어느 정도로 광도·밀도·순도를 형성해서 특성·특징·특색을 갖추고 품성·품

위·품격을 드러냈는가?', 그리고 '그것을 얼마만큼 직접·적극·능동적으로 나투고 밝히고 나누었는가?', 그렇게 하여 '어느 정도로 주변과 교류·공감·소통하여 공덕을 쌓았는가?'라는 것이 됩니다.

¹² 그래서 순수한 마음과 마음가짐으로 진법체득하는 과정에서 형성되는 도심으로 지행합일·언행일치·표리일치·내외일치하는 가운데 눈빛·표정·자세·단어·용어·문장·말·말투·행동과 같은 작고 소소한 것에서부터 자연스럽게 섭리행을 실천하는 것이 참으로 중요한 자기 수도의 덕목德目이 되며, 이것을 자연스럽게 주변으로 나투고 밝히고 나누게 되면 공덕이 되어 자기 공부를 이끌게 됩니다.

다만 실질적으로 자기 공부와 공덕이 되기 위해서는 꾸준하고 지속적으로 실천하는 것이 관건입니다. 하늘의 신神들은 이러한 공부와 공덕을 근거로 삼아 해당 수련자의 원신 및 관계 신神들이 연계하여 공부환경의 폭과 깊이를 결정합니다.

¹³ 석문급변과 급진을 통해서 완성도계에 승천할 경우, 사실상 해당 단계의 기초나 기본만을 공부한 이후에 바로 다음 도계로 넘어가서 완성도계에 승천하기 때문에 예하 공부의 기초나 기본 이상의

공부과정은 완성도계에서 공부하면서 채워야 합니다.

[14] 예를 하나 들어보겠습니다. '석문호흡 수도자의 의식 형성 기준'에 따라 각 도계에서 익혀야 하는 의식의 광대역이 있습니다. 양신 공부를 할 때는 지구 전체를 품을 수 있는 의식의 광대역을 갖춰서 지구의 정체성과 지구인의 의식과 의식체계를 모두 이해하고 수용하고 포용하며 관용과 아량을 베풀 수 있을 정도의 의식과 의식체계를 갖추어야 합니다.

이천도계에서는 태양계 전체를 품을 수 있는 의식의 광대역을 갖춰서 태양계의 정체성을 이해하고 수용하고 포용하며 관용과 아량을 베풀 수 있을 정도의 의식과 의식체계를 갖추어야 합니다.

삼천도계에서는 우리 은하 전체를 품을 수 있는 의식의 광대역을 갖춰서 우리 은하의 정체성을 이해하고 수용하고 포용하며 관용과 아량을 베풀 수 있을 정도의 의식과 의식체계를 갖추어야 합니다.

사천도계에서는 동광계東光界 전체를 품을 수 있는 의식의 광대역을 갖춰서 동광계의 정체성을 이해하고 수용하고 포용하며 관용과 아량을 베풀 수 있을 정도의 의식과 의식체계를 갖추어야 합니다.

오천도계에서는 지구권 우주천 전체를 품을 수 있는 의식의 광대역을 갖춰서 지구권 우주천의 정체성을 이해하고 수용하고 포용하며 관용과 아량을 베풀 수 있을 정도의 의식과 의식체계를 갖추어야 합니다.

[15] 그런데 만약 태양계를 이해하고 수용하고 포용하며 관용과 아량을 베풀 수 있을 정도의 의식과 의식체계를 갖추지 못한 상태에서 우리 은하를 공부하는 삼천도계에 승천하게 되면 적지 않은 장애·방해·걸림이 생기게 됩니다.

[16] 그래서 도계 입천을 하면 천지인 섭리·율법·법도에 입각하여 그에 합당하게 수없이 많은 수직·수평적 가치관과 관점에서 다양한 차원의 영역과 그 영역의 존재들에 대해 끊임없이 이해하고 수용하고 포용하며 관용과 아량을 베풀 수 있도록 의식과 의식체계를 넓혀 가는 공부를 해야 합니다. 이를 통해 섭리의 진리적 사실을 실질적으로 체득·체험·체감할 수 있도록 부단한 정성과 노력을 들일 필요가 있는 것입니다.

그러할 때 섭리를 더 깊이 있게 체득·체험·체감할 수 있으며 공부가 원활히 진행될 수 있습니다. 왜냐하면 모든 존재가 같이 함께 더불어 하는 가운데 인정·존중·배려하고 교류·공감·소통해야 비로소 상승·확장·발전하게 되는 것이 바로 섭리이기 때문입니다.

17 그런데 앞서 말했듯이 석문급변과 급진을 통해서 완성도계에 승천하게 되었을 때, 이러한 예하 과정의 어떠한 부분에 있어 기초나 기본 이상의 공부가 완전하게 채워지지 않은 경우에는 완성도계에서 채워야 합니다. 그렇지 않으면 완성도계의 공부가 기초나 기본 수준에 계속 머무르게 됩니다. 이천도계에서 의식의 광대역이 태양계만큼 형성되지 못하면 우리 은하를 공부하는 삼천도계로 승천하지 못하듯이 다음 공부로 진행이 되지 않는 것입니다.

현재 완성도계에 승천한 분들의 공부를 보면 도통에 근접해 가는 분도 있고, 공부가 일신우일신, 일취월장하는 분도 있지만 전체적인 평균은 아직 기초 공부를 진행하고 있는 상태입니다.

18 완성본자리에 승천한 분들은 조화선국을 열어 나가는 데 있어 모범이자 표본이 되는 존재들입니다. 그러한 소임과 역할을 위해 가장 먼저 필요한 것 중 하나가 하늘에 있는 자신의 원신과 하나 되는 공부입니다.

원신의 빛과 힘, 가치를 양신과 육신에 내려받아 하나가 되려면 각고의 정성과 노력으로 일념정진, 용맹정진하는 가운데 작고 소소한 신변의 일상에서부터 꾸준하고 지속적으로 자신의 빛과 힘, 가치를 나투고 밝히고 나누는 실천이 필요합니다.

지금 완성본자리에 승천한 분들과 도계에 승천한 분들은 특히 이러한 점들을 염두에 두고 본립이도생의 마음과 마음가짐으로 도계 공부를 진행해 가면 참 좋을 것 같습니다.

한조님말씀 35

桓紀 27年 2月 14日
(2015 4. 2)

수련일지의 중요성

1 평시平時 시운은 물론 석문급변과 급진의 시운에서도 신神들이 공부를 여는 중요한 근거로 삼는 것 중 하나가 수련일지修練日誌입니다. 수련일지는 공부에 대한 마음과 마음가짐을 볼 수 있는 하나의 증표證票이기 때문입니다.

2 수련일지를 많이 올리다 보면 도심으로 적을 때도 있고, 다소 집착하는 마음과 마음가짐으로 적을 때도 있습니다. 하지만 여기서 중요한 것은 수련일지를 적는다는 것 자체가 변화를 위한 정성과 노력을 들이는 과정이기에 공부를 여는 핵심 근거 중의 하나로 채택된다는 점입니다.

3 즉 공부의 상승·확장·발전을 이룰 때가 되면 여러 측면이 검토될 수 있는데, 이때 수련일지를 비중의 우선순위로 두게 되면 검토를 할 때 배분되는 점수가 달라질 수 있습니다. 이러한 과정과 절차를 풀어서 설명하면 다음과 같습니다.

4 한 존재가 어떤 행동을 했을 때 '그때의 마음과 마음가짐이 어떠했는가', '그것이 자신과 타인에게 어떤 영향을 주었는가'가 모두

자신과 타인에게 남고 시공간에 기록이 되며 천상에도 기록이 됩니다. 신神들이 공부의 정도를 검토할 때 실제로 행한 이러한 사실을 첫 번째로 적용하게 됩니다.

5 그런데 그렇게 행한 것에 대해서 수련일지를 쓰는 것과 쓰지 않는 것은 공부의 평가에 있어 차이가 생길 수 있습니다. 즉 수련일지를 쓰지 않으면 그 존재가 한 행동을 액면 그대로 적용하여 그 존재의 공부에 대해 점수를 배분하게 됩니다. 하지만 수련일지를 쓰면 수련일지에 기록되어 있는 표현도 감안합니다. 즉 신神들은 수련일지에 올라온 내용을 바탕으로 '그런 마음과 마음가짐에서 그러한 언행言行을 하였구나'라고 판단하고 그 존재의 개체의지 30%를 감안하여 가교와 완충력을 발휘하게 됩니다. 그렇게 되면 그 존재가 지금까지 진행한 공부의 정도에 대해 다소 다르게 평가할 수 있는 여지가 생깁니다.

6 구체적인 예를 하나 들어보겠습니다. 축복수련이나 나눔수련을 통해서 다음 도계로 승천하는 공부를 할 때 그 생명력이 70% 이상이 되어야 인가가 가능합니다. 50% 이하라면 특별한 경우를 제외하고는 인가가 어렵습니다. 그런데 50~70% 사이일 때는 인가할 수 있는 다른 측면의 근거를 찾게 됩니다. 예를 들어 '만약 인가

했을 때 수련의 생명력을 일정 시간 내에 필요한 만큼 갖출 수 있는가'라는 측면에서 근거를 찾는 것입니다. 그럴 때 지금까지 올린 수련일지의 분량이 적지 않은 경우, 그것에 우선순위를 두게 되면 점수에 대한 배분이 달라지게 됩니다.

7 만약 수련자가 현재 어느 정도 덧칠과 왜곡을 하고 있다면, 하늘은 '이 수련자가 앞으로 얼마만큼 광도·밀도·순도를 형성하고 특성·특징·특색을 갖추고, 품성·품위·품격을 드러낼 수 있는가', 그리고 '앞으로 그것을 얼마만큼 직접·적극·능동적으로 나투고 밝히고 나눌 수 있는가', 그렇게 하여 '앞으로 얼마만큼 주변과 같이 함께 더불어 교류·공감·소통하여서 공덕을 쌓을 수 있는가'라는 기준과 원칙을 만족시킬 수 있는 선제적 근거를 중심으로 점수를 배분할 수 있는데 그때 수련일지를 핵심 근거로 삼아 우선순위에 두게 되면 결국 평가의 계산법이 달라질 수 있는 것입니다.

8 결국 공부의 생명력이 50~70% 사이일 때 수련일지에 우선순위를 두어 핵심 근거로 놓고 그 내용에 있는 자기표현을 감안하여 가교와 완충력을 발휘하게 되면 인가를 내릴 수도 있는 것입니다.

9 그래서 수련일지를 꾸준하고 지속적으로 올리면 좋습니다. 많은

수련자들이 공부가 진행되는 것처럼 느껴질 때만 수련일지를 올리는 경향이 있습니다. 그런데 공부는 무엇인가 잘 풀리는 듯할 때만 진행되는 것이 아닙니다. 고뇌, 번민, 갈등, 역경 등으로 인해 잘 풀리지 않는 듯한 흐름과 형국도 똑같이 공부가 될 수 있는 환경과 여건으로 작용합니다. 따라서 '잘 된다, 잘 안된다'라는 인성적인 이분법을 뛰어넘어서 '모든 것이 수련이 되어 가는 흐름과 형국이다'라는 통합적 가치관과 관점에서 자신의 수련에 접근한다면 수련일지를 꾸준하게 올릴 수 있을 것입니다.

10 사실 석문도문에 입문해서 단전테이프를 붙이고 스스로의 의지로 의수단전意守丹田을 하여 석문인이 되는 그 순간부터 본인이 일으키는 모든 마음과 마음가짐, 작고 소소한 행동 하나하나가 완성을 향해 가는 공부의 과정이 됩니다. 즉 석문인이 되는 그 순간부터 자신이 살아가는 모든 삶이 공부의 과정에 포함되는 것입니다.

그렇게 살아 숨 쉬는 모든 환경과 여건, 그리고 그 속에서 살아가는 자신의 삶이 공부라면 석문인은 그 모든 것을 공부가 되어 가는 흐름과 형국으로 인지·인식·인정하여 수련일지에 담을 수 있을 것입니다.

¹¹ 그래서 평상시에 꾸준하고 지속적으로 수련일지를 올리는 것이 좋습니다. 만약 필요할 때만 수련일지를 올리면 신(神)들은 다음 공부를 여는 것에 대해 다소 거리를 두게 됩니다. 수련일지를 꾸준하게 올리지 않아 지속성이 없다면 그 존재가 공부를 어떻게 생각하고 있는지 그 진정성에 대한 의문을 갖습니다.

자기믿음이 자기의지를 일으키고 자기의지는 인내와 끈기, 정성과 노력을 만들게 되는데 수련일지를 올리지 않게 되면 이러한 부분이 막연하고 애매하며 모호하기에 꾸준함과 지속성이 부족하다고 판단하게 됩니다. 그렇게 되면 공부의 상승·확장·발전보다 기본에 더 충실하도록 방향을 잡게 되므로 공부의 진행은 보류되는 것입니다. 결국 수련일지는 수련에 대한 자신의 가치관과 관점을 볼 수 있는 마음의 창(窓)이라고 할 수 있습니다.

¹² 한 가지 덧붙이면 수련일지는 석문도법이 적용·실행·구현된 결과를 표현하는 자료라는 점에서도 공덕이 됩니다. 수련일지가 모이면 결국 석문호흡수련의 생명력을 객관화시키는 실질적인 자료가 되고 그것은 곧 석문도법을 보편화시키는 근거가 되기 때문입니다.

¹³ 석문인들은 이러한 가치관과 관점을 잘 이해하여 모든 것이 수련이 되어 가는 흐름과 형국이라는 통합적 가치관과 관점으로 수련일지를 꾸준하고 지속적으로 올려서 수련의 진행을 이끄는 빛과 힘, 가치를 얻고 공덕을 쌓아 천지인 섭리·율법·법도에 입각하여 그에 합당한 공부 시운을 부여받으면 참 좋을 것 같습니다.

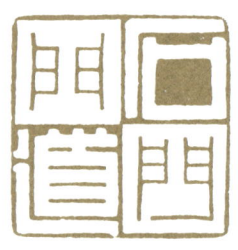

같이 함께 더불어

석문도문

한조님말씀 36

桓紀 27年 2月 27日
(2015. 4. 15)

석문도문의 내실충만과 외연확장

1 올해 한기 27년 | 태양력 2015년 석문도문은 석문급변과 급진의 흐름과 형국 속에서 내실충만 內實充滿과 외연확장 外延擴張의 개연성을 부여받게 됩니다. 사실 지난 24년 동안 석문도문에 크고 작은 내실충만과 외연확장의 시운이 있었습니다. 다만 그러한 시운들을 대부분 일정 수준 이상으로 상승·확장·발전시키지 못하였습니다. 그러한 시운이 있을 때 석문인들의 공부가 그것을 받아 낼 정도로 상승·확장·발전하지 못하였기 때문입니다.

2 석문도문은 석문인들이 도무에만 집중한다고 해서 내실충만과 외연확장이 되지 않습니다. 석문도문은 도법도량 道法道場이기 때문입니다. 즉 석문도문은 내실충만과 외연확장의 시운을 부여받아 그 개연성이 열렸다 하더라도 항상 공부에 대한 평가를 통해 자격이 검증되어야 비로소 실질적인 상승·확장·발전이 이루어지게 되어 있습니다. 우리가 일상적으로 진행하는 도문의 여러 일들을 업무라 하지 않고 도무 道務라 칭하는 것도 모두 그러한 우리의 정체성을 반영한 개념에서 비롯된 표현입니다.

3 늘 이야기하였듯이 공부의 검증에 있어 가장 중요한 것은 역시

본本입니다. 체体나 용用의 부분이 어느 정도 테두리를 형성하였다 해도 중심이 되는 본本에 관한 부분이 막연하고 애매하고 모호하면 하늘은 내실충만과 외연확장의 시운을 거두어들이거나 보류하거나 일부만 활용할 수 있게 합니다.

4 그러한 검증은 석문도문의 석문리더를 비롯한 대부분의 석문인들에게 적용·실행·구현되는데 완성본자리에 승천했거나 큰 직책을 맡고 있거나 품계가 높은 존재일수록 평가에 반영되는 비중은 더욱 큽니다. 권한·책임·의무가 크면 클수록 도문과 세상에 미치는 영향력이 크므로 당연히 검증의 반영 비중이 더 높을 수밖에 없습니다. 그래서 완성본자리에 승천했거나 큰 직책을 맡고 있거나 품계가 높은 존재일수록 석문도문의 내실충만과 외연확장 시운에 따른 공부의 평가에 있어 그만큼 비중이 크다는 점을 염두에 두면 좋습니다.

5 사실 검증을 위한 평가는 특수한 환경과 조건하에서 진행되는 것이 아닙니다. 내실충만과 외연확장의 도무가 진행되는 가운데 그것을 담당하는 석문인이 나투고 밝히고 나누는 빛과 힘, 가치 그 자체로 평가됩니다. 예를 들면 '도재道財가 형성되거나 도재가 들어올 수 있게 된 환경과 여건을 눈앞에 둔 석문인들이 어떤 마음

과 마음가짐으로 그것을 대하고 실천을 통해 섭리행을 해 가는
가?' 하는 것이 가장 핵심적인 평가 항목이 됩니다.

6 또한 체계·논리·합리적으로 시운을 적용·실행·구현하기 위해서
한 차례만으로 그 존재의 처음과 과정, 끝을 모두 평가하여 검증
하기보다 도무가 진행되어 적용·실행·구현되는 수준만큼 그 존
재의 빛과 힘, 가치를 꾸준하고 지속적으로 평가하여 검증합니다.
평가하여 검증되면 그만큼의 내실충만과 외연확장이 진행되게 하
고, 검증되지 않은 부분은 보류하거나 진행되지 않게 합니다.

7 그러므로 석문인 전체 평균이 어느 정도 이상의 수준을 넘어서지
못한다면 현재 형성된 정도의 내실충만과 외연확장에 머무르게
되어 있습니다. 이를 넘어서기 위해 도무적으로 계속 정성과 노력
을 들인다 하더라도 비슷한 흐름과 형국이 반복되는 것입니다.

8 물론 석문도문이 존속되기 위해 기초적인 흐름과 형국은 진행되
어야 하므로 반드시 필요한 맥脈을 이어 가야 하는 도무들은 적정
한 선에서 성과를 내어 상승·확장·발전이 됩니다. 하지만 그 이상
의 개연성은 주어지지 않습니다. 사실상 지난 24년 간 석문도문은
평균적으로 이 정도 수준의 내실충만과 외연확장의 흐름과 형국

을 이어 왔다고 해도 과언은 아닐 것입니다.

9 때때로 하늘은 석문도문과 전체 석문인을 위한 최소한의 천지인 삼시 삼합의 시운이라도 형성한다는 관점에서 내실충만과 외연확장의 개연성이 열렸을 때 어느 정도 받아내어 다음 흐름과 형국으로 넘어갈 수 있도록 일종의 방편을 쓰기도 합니다.

10 즉 특정한 몇 가지의 이유로 인하여 전체 평가의 평균이 낮아져서 도무의 흐름과 형국에 장애·방해·걸림이 생기는 경우 하늘은 그와 연관된 존재들의 빛과 힘, 가치를 현실에서 끌어올리거나 제한하는 등의 방편을 쓰기도 합니다.

빛과 힘, 가치를 끌어올리게 되면 자연스럽게 전체 평균이 다소 높아지고, 제한하는 경우는 그 존재들의 비중이 제외되거나 낮아져서 전체 평균이 어느 정도는 올라가게 됩니다. 그래서 석문도문의 도무는 그 정도만큼 시운을 받아낼 수 있게 됩니다.

그렇게 된다 하더라도 이것은 부분적인 방편일 뿐, 고무적인 흐름과 형국이라고만 할 수 없기에 가급적 석문인 전체의 공부에 대한 평가가 그 시운을 받아 낼 수 있을 정도의 수준으로 검증되는 것이 가장 좋은 흐름과 형국입니다.

[11] 결국 석문도문의 내실충만과 외연확장은 천지인 섭리·율법·법도가 제도적으로 뒷받침되어 하늘의 빛과 힘, 가치를 용사하는 역사이기에 당연히 평가에 따른 검증 과정이 있을 수밖에 없고, 그러한 과정과 절차를 통과한 만큼 내실충만과 외연확장이 이루어집니다.

[12] 석문도문이 이제 큰 신(神)들의 출현을 맞아 내실충만과 외연확장의 시운을 통한 상승·확장·발전의 개연성이 생겨났음에도 올해의 도무기조가 '본립이도생'일 수밖에 없는 것은 이러한 섭리적 이치와 원리 때문입니다. 석문인들이 이러한 뜻을 잘 이해하여 올해 자기 수련과 도무, 일상생활에 임한다면 모두 크나큰 상승·확장·발전을 이룰 수 있기에 항상 이것을 염두에 두고 일상의 작고 소소한 일에서부터 실천해 나가면 참 좋을 것 같습니다.

한조님말씀 37

桓紀 27年 2月 27日
(2015. 4. 15)

실질적인 후천을 열기 위한 여섯 가지 숙제

1 하나님이 완성도법完成道法을 가지고 완성도계 존재들의 보좌를 받아 함께 지상에 내려오면 원래 없었던 인간의 삼욕칠정이 편승便乘되어 세상에서 그로 인해 생겨나는 다양한 경험을 하나하나 겪게 되고, 다시 자신의 본本을 찾아 근본자리에 이르러 뭇 존재들에게 석문도법에 의한 석문사상, 석문도담, 석문호흡을 전하게 되었습니다. 이때 어떤 방법·방식·방편으로 전하는 것이 천지인 섭리·율법·법도에 입각하여 그에 합당하게 도움이 되고, 가교와 완충이 되며, 체계·논리·합리적인지 자성·자각·자혜·자행하여 다양한 체득·체험·체감을 하는 가운데 스스로의 공부를 상승·확장·발전시켰습니다.

2 이러한 공부의 과정이 대우주의 빛과 힘, 가치와 맞물려 지구 이외의 행성에도 도道를 전할 수 있는 구우력救宇力을 형성할 때, 비로소 이 태공을 '도성구우道成救宇할 수 있는 하나의 기본적 표본이 되었다'고 할 수 있습니다.

3 석문도문이 본격적인 후천으로 넘어가는 지금, 그 정도만큼 상승·확장·발전되어 있어야 했지만 태공의 학교라 할 수 있는 지구

전체에도 도道를 전하기에는 아직 미흡한 부분들이 적지 않습니다. 그렇게 되기 위해 반드시 풀어야 하는 숙제가 있었으나 미진하게 풀렸기 때문입니다.

그것은 사실 우리 석문인들이 숙지하고는 있었으나 아직까지 자기 것으로 녹여 내지 못한 문제들입니다. 간단히 설명하면, 본립이 도생을 대전제로 하여 다음과 같은 여섯 가지 구체적 사실로 정리할 수 있습니다.

4 첫 번째, 신성과 신성체계가 상승·확장·발전해야 합니다.

두 번째, 신성과 신성체계가 상승·확장·발전하는 만큼 의식과 의식체계, 인식과 인식체계, 습관과 습관체계가 그만큼 상승·확장·발전해야 합니다.

수련을 통해 신성을 찾고 그에 합당한 의식·인식·습관을 갖추게 되면 그만큼 반복적으로 시도하고 또 시도해야 신성체계를 통한 의식체계, 인식체계, 습관체계를 갖출 수 있습니다. 체계는 패턴pattern이므로 반복해서 시도했을 때 자신의 것이 되기 때문입니다. 그렇게 시도하지 않으면 내재되어 버립니다.

세 번째, 자기믿음과 의지를 세우고 정성과 노력을 다할 수 있어야 합니다. 무엇보다 먼저 자기 자신부터 믿을 필요가 있습니다. 자기 자신을 믿으면 자신의 생사를 결정 짓는 자기 숨을 믿을 필요가 있습니다. 자기 숨을 믿는다면 자신의 뜻을 짓는 자기 심법을 믿을 필요가 있습니다. 심법은 곧 자신이 하고자 하는 목적과 목표, 방향성을 설정하는 것이므로 심법을 믿게 될 때 자신이 하고자 하는 것과 가야 할 길이 명료해집니다. 이렇게 믿었으면 의지를 일으킬 필요가 있습니다. 의지가 일어나면 정성과 노력을 들일 필요가 있습니다. 그렇게 할 때 꾸준하고 지속적으로 공부를 할 수 있게 됩니다.

요약하면 공부에 임하여 자기믿음을 가지고, 자기 숨을 믿고, 자기 심법을 믿고, 차분하고 침착하고 무심하게 기다리는 미덕을 가질 필요가 있습니다. 그리고 의지를 일으켜 꾸준하고 지속적으로 정성과 노력을 들여 자기믿음의 흐름을 계속 유지·관리·발전시키면 좋습니다.

네 번째, 인정·존중·배려할 필요가 있습니다. 그 시작은 자기 자신으로부터 시작하면 좋습니다. 즉 먼저 자기 자신을 인정·존중·배려해야 합니다. 자신이 아직 이르지 못한 경지나 모르는 것에 대해 어느 정도 의구심을 가지고 주저하고 불안해 하고 두려워하는 경우가 있습니다. 하지만 스스로 공부하여 체득·체험·체감한 것에 대해 다시 의구심을 가지고 주저하고 불안해 하고 두려워하게 되면 공부에 큰 장애·방해·걸림을 만들게 됩니다. 그래서 자신이 지금까지 체득·체험·체감하여 이룬 것만큼은 인정·존중·배려할 필요가 있습니다.

그리고 자기 자신을 인정·존중·배려했으면 타인도 인정·존중·배려할 필요가 있습니다. 신성과 신성체계가 상승·확장·발전하면 그만큼 인성적인 의식과 의식체계, 인식과 인식체계, 습관과 습관체계가 신성적 의식과 의식체계, 인식과 인식체계, 습관과 습관체계로 상승·확장·발전하게 됩니다.

여기서 말하는 인성적 의식과 의식체계, 인식과 인식체계, 습관과 습관체계란 주관적主觀的이고 자기중심적自己中心的이며 개체지향적個體指向的인 것을 말하며 신성적 의식과 의식체계, 인식과 인식체계, 습관과 습관체계란 객관적客觀的이고 천지인중심적天地人中心的이며 섭리지향적攝理指向的인 것을 말합니다. 결국 자신을 인정·존중·배려하는 가운데 공부가 되어 신성과 신성체계가 갖추어지면 그만큼 타인을 인정·존중·배려하게 됩니다.

그렇게 하여 70%의 신성적인 것을 본本으로 중심을 잡고 30%의 인성적인 것을 용用으로 하여 용사를 하면, 석문도인石門道人의 정체성에 합당해지기 때문에 섭리적인 세계의 많은 빛과 힘, 가치와 일맥·일관·일통으로 호환·파동·공명하여 공부의 생명력도 그만큼 살아 숨 쉬게 되고 자신의 삶을 섭리행으로 살아갈 수 있게 됩니다.

다섯 번째, 같이 함께 더불어 할 필요가 있습니다. 모든 석문인 한 분 한 분이 다른 존재들과 구별되는 고유한 존재성과 존재가치를 가졌으며, 석문인 모두가 어려운 환경과 여건 속에서 지금까지 적지 않은 시간을 보내 왔습니다. 그러한 사실을 염두에 두고 상대와 교류·공감·소통하여 동고동락, 동병상련하는 가운데 같이 함께 더불어 하면 좋습니다.

사실 동고동락과 동병상련의 기간은 이미 거쳐 왔고 지금도 계속되고 있습니다. 다만 같이 함께 더불어 하는 모습이 아직은 조금 부족합니다. 지난 24년 동안 여러 힘겨운 고뇌, 번민, 갈등, 역경을 통해 동고동락해 왔고 동병상련도 해 왔습니다만 같이 함께 더불어 하기 위해서는 조금 더 밝고 활짝 열린 마음으로 서로를 인정·존중·배려하면 좋습니다. 그렇게 할 때 천지인 섭리·율법·법도에 입각하여 그에 합당한 기쁨, 즐거움, 환희, 자비, 사랑, 배려, 만족, 행복과 같은 풍성과 풍요의 충만함과 고요함을 가질 수 있습니다.

여섯 번째, 자신이 있는 위치를 귀하게 여겨 아끼고 사랑할 필요가 있습니다. 군군신신부부자자君君臣臣父父子子라! 자신이 있는 그 자리에서 겪는 체득·체험·체감을 감사하게 생각하면 좋습니다. 즉 주어진 범사에 감사할 필요가 있는 것입니다. 자신이 현재 그 자리에 있는 것은 우연이 아닙니다. 모두 자신의 공부와 천지인조화역사를 위해 필요한 과정과 절차에 입각하여 결정된 것입니다.

그러하기에 자신의 위치에서 자신의 공부를 풀어 가는 흐름과 형국을 만들어 가면 좋습니다. 그렇게 하다 보면 또 다른 위치에서 더 깊은 공부를 할 수 있는 기회가 부여되고 마침내 자신의 존재성과 존재가치에 합당한 자리를 찾아가게 됩니다.

5 이렇게 부여된 여섯 가지 숙제들을 풀어 나갈 때 비로소 태공을 도성구우할 수 있는 실질적인 후천의 흐름과 형국으로 들어가게 되고, 그렇게 되면 '우리에게 이런 날도 있구나!'라고 할 정도로 지금까지 겪어 보지 못한 기쁨, 즐거움, 환희, 자비, 사랑, 배려, 만족, 행복에 가득 찬 역사役事들도 일어날 수 있습니다.

⁶ 큰 신神들은 이러한 흐름과 형국의 시운 속에 있는 석문도문의 석문인에게 다음과 같은 말을 전해 주기를 청합니다.

"석문도문이 지난 24년 간 한 호흡, 한 호흡을 통해 진법체득해 온 만큼 석문인들이 일상생활 속에서 조금씩 신성충만神性充滿으로 성聖스러워지면 좋겠습니다."

⁷ 원래 지상에서 성인聖人이라는 뜻 안에는 온전하고 완전한 존재라는 개념이 포함되어 있습니다. 석문인들이 현재 체득하고 깨우쳐 인식한 자신의 빛과 힘, 가치를 일상 속에서 신성충만으로 성聖스럽게 나투고 밝히고 나누어 일상의 작고 소소한 것에서부터 꾸준하고 지속적으로 실천하게 된다면 위의 여섯 가지 숙제는 어렵지 않게 풀릴 수도 있습니다.

⁸ 그래서 다시 한 번 더 간결히 요약하여 당부합니다.

"일상생활 속에서 진법체득眞法體得한 만큼 조금씩 신성충만으로 성聖스러워집시다!"

⁹ 성聖스러울 '성聖'자가 耳이와 口구, 王왕 자로 이루어져 있듯, 석문

인이 듣고[耳] 말하는[口] 것을 왕[王]처럼 하여 작고 소소한 것에서부터 공부한 만큼 자신의 빛과 힘, 가치를 나투고 밝히고 나누어서 신성과 신성체계를 상승·확장·발전시키고, 그에 따른 의식과 의식체계, 인식과 인식체계, 습관과 습관체계를 상승·확장·발전시켜 자기를 믿고 의지를 세워 꾸준하고 지속적으로 정성과 노력을 들여 자신과 상대를 인정·존중·배려하면서 동고동락하고 동병상련하는 가운데 같이 함께 더불어 자신의 자리에서 최선을 다한다면, 천지인 삼시 삼합의 시운이 원래의 흐름과 형국을 찾아 석문인의 공부는 일신우일신, 일취월장할 것이며 석문도문의 내실과 외연은 나날이 상승·확장·발전할 것입니다.

10 태공의 모든 존재가 완성을 이루는 데 있어 표본이 되는 존재가 바로 석문인입니다. 석문인은 이 점을 잊지 말고 일상 속에서 진법 체득한 만큼 신성충만으로 성[聖]스러워져 원래 그 존재로서의 빛과 힘, 가치를 나투고 밝히고 나누는 참되고 진실한 자신이 되기를 바랍니다.

같이 함께 더불어
석문도문

한조님말씀 38

桓紀 27年 3月 11日
(2015. 4. 29)

태공의 보호 및 회복체계

¹ 석문급변과 급진이 진행되어 하늘의 문화와 문명이 지상에 내려옴에 따라 '천지인 섭리·율법·법도를 어떤 가치관과 관점으로 이해하고 수용하여 자신의 것으로 녹여내어 실천할 것인가'라는 문제가 우리에게 중요한 과제로 다가오고 있습니다. 천지인 섭리·율법·법도에 접근하는 방법·방식·방편은 여러 가지가 있는데 그중 하나님과 천지인 그리고 천지만물의 관계라는 측면에서 천지인 섭리·율법·법도를 이해하기 쉽게 비유를 통해 살펴보겠습니다.

² 먼저 태공을 인체에 비유해 보겠습니다. 사람의 몸에는 여러 장부와 세포가 있듯이 태공 내에도 여러 무유형無有形의 존재와 천지만물이 있습니다. 비유의 기준을 어느 수준에 두느냐에 따라 달라질 수 있는데, 세포 하나하나를 우주천 개념으로 볼 수도 있고 천지만물들로 볼 수도 있습니다.

³ 이러한 관점으로 사람의 근육을 살펴보겠습니다. 근육에는 수의근隨意筋과 불수의근不隨意筋이 있습니다. 수의근은 사람의 인지력에 따라 움직입니다. 팔이나 다리, 허리를 움직이는 근육은 모두 자신의 인지력에 따라 반응하는 수의근으로 존재의 의식·인식·습관

에 따라 직접적인 변화가 있을 수 있습니다.

불수의근은 인지력과 크게 상관없이 움직이는 근육입니다. 심장의 근육, 위장이 소화된 음식물을 내려보낼 때 쓰는 근육이 그러합니다. 불수의근에 해당하는 체계體系|system는 존재들의 의식·인식·습관에 따른 영향을 직접적으로 받지 않습니다. 사람이 인지력을 써서 자기의식으로 직접 심장을 멈추거나 소화기관의 작용을 멈추지 못합니다.

4 태공에도 이와 같은 이치와 원리로 움직이는 체계가 있습니다. 즉 태공 내에 존재하는 유형화된 존재와 이 존재들의 의지로 움직이는 여러 체계가 있는데 이것은 수의근과 비슷합니다. 그리고 일정한 조건이 갖추어지면 자동으로 작동하는 무형의 체계가 있는데 이것은 불수의근과 비슷합니다.

5 불수의근과 같이 인체에는 불수의적 체계가 있는데 대표적으로 면역력免疫力과 갱생력更生力을 들 수 있습니다. 면역력은 사람을 구성하고 있는 구조와 구조체계가 정상적으로 유지·관리·발전할 수 있도록 비정상적인 흐름과 형국으로부터 보호保護하는 힘입니다. 갱생력은 비정상적인 흐름과 형국으로 인해 손상된 부분을 원

래 상태로 회복回復하는 힘입니다.

6 예를 들어 위장胃腸이 합당한 기능을 하지 못하면 다른 장부가 보완 활동을 하여 해당 경락, 경혈, 혈액, 호르몬 등이 비상 작용을 통해 면역력과 갱생력을 일으켜서 더 이상 위장이 문제가 되지 않게 보호하고 손상된 부분을 회복시킵니다.

7 즉 면역력과 갱생력은 몸의 항상성을 유지하는 데 일정한 기준과 원칙에 어긋나는 상황이 발생했을 때 인간 개체의 인지력과 상관없이 원래의 정상적인 상태로 돌아갈 수 있도록 보호하고 회복시키는 힘이라고 할 수 있습니다.

8 이처럼 인체에 수의근과 불수의근 같은 체계가 있듯이 태공에도 태공을 일정하게 유지·관리·발전할 수 있게 하는 체계가 있습니다. 바로 '섭리'입니다.

9 섭리는 하나님이 '이 태공을 어떤 식으로 흘러가도록 하겠다'라고 명시해 놓은 중심이자 테두리입니다. 태공의 흐름과 형국은 모두 이러한 섭리에 따른 목적과 목표, 방향성대로 흘러갑니다.

섭리가 태공에 적용·실행·구현되는 작동 원리는 크게 두 가지로 그것은 인체의 수의근과 불수의근 체계와 비슷합니다. 즉 수의근과 유사하게 각각의 존재가 직접 섭리에 근거하여 자신의 의지로 작동시키는 체계가 있으며, 불수의근과 유사하게 행성의 자전과 공전, 우주의 자전과 공전, 그리고 우주 자체의 소거력과 재생력처럼 특정 존재의 의지와 상관없이 자체적으로 작동되는 체계가 있습니다.

10 세부적인 이해를 돕기 위해 우리에게 가장 가깝고, 조금 더 단적인 상황이 나타나고 있는 지구를 비유해 보면 다음과 같이 설명할 수 있습니다.

하나님이 지구에 인간을 창조하고 동식물을 만들자 수많은 존재들로 인해 다양성이 매우 높아진 반면 그만큼 안정성은 떨어집니다. 그래서 지구의 여러 환경이 흐트러지게 되는데 그것이 일정 수위를 넘어서게 되면 지구의 불수의근이라 할 수 있는 자연의 정화력이 발휘됩니다.

이런 경우는 지구의 수의근이라 할 수 있는 인간이 자연이라는 불수의근에 영향을 미쳐 원래 상태로 돌아가게 하는 힘을 끌어낸 것이라 할 수 있습니다. 즉 지구의 불수의적 체계가 수의적 체계를 하나의 흐름과 형국으로 향해 가도록 운용된 것입니다.

11 지구 내에 이러한 힘이 있듯이 태공 전체에도 이런 힘이 있습니다. 그것이 바로 섭리입니다. 섭리를 세부적으로 뒷받침하는 것이 율법이며, 일정한 흐름과 형국을 형성하여 드러나게 하는 것이 법도입니다.

즉 천지인 섭리·율법·법도는 태공 전체가 하나님의 뜻에 부합되도록 시작과 과정, 끝이 하나의 흐름과 형국으로 유지·관리·발전할 수 있게 하는 기준과 원칙입니다.

12 그래서 천지인 섭리·율법·법도에 합당하면 별다른 제재 없이 그대로 흘러갈 수 있게 두거나 흐름과 형국을 더 활성화할 수 있게 하지만, 합당하지 않으면 자동으로 태공의 면역력과 갱생력이 일어나서 원래의 흐름과 형국으로 되돌아가게 합니다.

인체의 백혈구나 적혈구 같은 일을 하는 유형의 신神들과 함께 일정한 조건이 되면 자동으로 운용되는 공간 소거력과 같은 무형의 체계가 작동하여 태공 전체가 본래 하나님이 뜻한 흐름과 형국으로 갈 수 있게 하는 것입니다.

학교에 비유해 살펴본 석문인의 소임과 역할

1 석문도법에 의한 석문사상, 석문도담, 석문호흡을 체득·체험·체감하고 있는 석문인들은 태공의 완성을 이룰 수 있도록 다른 많은 존재들을 지로해야 하는 소임所任과 역할役割을 가지고 있습니다.

2 이것을 조금 더 자연스럽게 이해할 수 있도록 지구를 학교, 지구에 사는 존재를 학생, 석문인을 선생님 그리고 하나님을 교장 선생님으로 비유해 보겠습니다.

3 태공에는 태공 전체를 아우르는 교육 기관이 하나 있습니다. 바로 지구地球입니다. 수많은 존재가 단 하나의 교육 기관인 지구로 오려고 하기에 천지인 섭리·율법·법도에 입각하여 그에 합당한 기준원칙성·균형형평성·기회균등성·과정절차성·의식공유성·등가비례성·입체통합성·희망긍정성·변화발전성·인정배려성·체계논리성·조화광명성이 형성되었을 때 일정한 지침에 따라 이 지상에 인간의 몸을 받아서 내려올 수 있습니다.

⁴ 물론 겉보기에는 같은 인간의 몸이지만 근본 존재성이 어떠한가에 따라 그 빛은 각기 다릅니다. 예를 들어 같은 태공 내의 존재이기에 일맥·일관·일통하는 공통분모는 있지만, 같은 지구권 우주천에서 왔다 해도 동광계東光界에서 왔는지, 서광계西光界에서 왔는지, 남광계南光界에서 왔는지, 북광계北光界에서 왔는지에 따라 다르며 우리 은하에서 왔는지, 다른 은하에서 왔는지, 태양계 안의 행성에서 왔는지, 태양계 밖의 행성에서 왔는지에 따라 각각 받아온 몸의 비가시적 구조는 다른 것입니다.

⁵ 지구라는 학교는 이렇게 다양한 곳에서 온 학생들이 입학하여 교육을 받는 곳입니다. 학교는 유치원, 초등학교, 중학교, 고등학교, 대학교가 있으며 사회에 나가서는 평생교육원도 있습니다.

이렇게 교육기관이 나누어진 것은 공부하는 학생의 의식·인식·습관 수준이 모두 다르기 때문입니다. 그래서 가르치는 선생님도 그 수준에 맞게 가르치고 이끌 수 있는 정도의 의식·인식·습관을 가진 분으로 배정하게 됩니다. 즉 유치원 선생님, 초등학교 선생님, 중학교 선생님, 고등학교 선생님, 대학교 선생님 그리고 평생교육원의 선생님이 있어야 합니다.

⁶ 교육이 처음 시작되었을 때는 그 짜임새의 정도가 높지 않았습니다. 왜냐하면 교육이 교육다우려면 어느 정도까지는 주체·주도·자율성을 높여 개체의지를 최대한 발휘할 수 있게 해야 하므로 필요한 정도만큼 적절한 지로指路와 인도引導, 유도誘導가 있었던 것입니다. 이에 따라 지금까지는 선생님들이 많이 오지 않았습니다. 그래서 대부분 학생들이 이곳에 와서 자율 교육을 많이 받았습니다.

그러한 이유로 과거에는 우수한 학생들이 다른 학생들을 가르쳐 왔습니다. 물론 오랜 옛날 하늘의 존재들이 내려와 존재적 조건이 다른 상태에서 하늘의 가르침을 내리는 주입식 교육이 극소수 있었지만, 대부분 지상에 학생으로 온 존재들 중에서 우수한 존재가 다른 많은 존재들을 가르쳤습니다.

⁷ 그러한 가운데 어느덧 태공은 완성을 이룰 때가 다가왔습니다. 그래서 새로운 수준의 가르침으로 학생들을 이끌 수 있는 존재들이 필요해졌습니다.

학교의 상황으로 비유하면 이제 졸업생卒業生을 대거 배출하여 그들이 성인으로서 사회의 한 구성원이 해야 할 몫을 할 수 있도록 해야 될 때가 왔는데, 그 기준으로 보았을 때 지금은 선생님의 학습 전문성뿐만 아니라 선생님의 수 또한 조금 더 보충·보완·보강이 필요합니다. 당연히 학생들의 학습 수준도 졸업을 하려면 조금 더 보충·보완·보강이 필요합니다.

그래서 학교를 보수하고 증축 공사도 하고 졸업을 시킬 수 있는 수준의 교육이 가능한 선생님을 중심으로 각 교과과정에 필요한 선생님이 부임할 수 있도록 합니다. 즉 교육의 전문성과 질을 높이고 학생 문제를 조정·중재·조화하여 앞으로 어떻게 해야 할지 판단·선택·결정하여 정리할 것은 정리하고 소급 적용할 것은 적용하여 졸업 후 사회생활을 할 수 있을 정도로 교육 수준을 상향조정합니다.

8 즉 태공의 흐름과 형국에서 보면, 태공을 완성하고 추수하고 결(結)짓기 위해서 태공의 학교인 지구가 먼저 완성되어야 함을 의미합니다. 학교가 바로 서야 사회가 바로 서고, 사회가 바로 서야 국가와 민족, 지구 전체가 바로 서기에 학교의 교육 수준을 사회의 수준까지 끌어올릴 필요가 있습니다. 태공의 완성을 위해 먼저 지구의 완성을 이룰 수 있도록 과정과 절차를 밟아 그 정도에 합당한 문화와 문명을 내리고 지구의 구성원들이 그것을 받아 낼 수 있도

록 해야 하는 것입니다.

물론 그렇게 하기 위해서는 이 모든 것을 주재하고 주관하여 판단·선택·결정할 수 있는 존재인 학교장學校長이 학교에 부임해야 합니다. 즉 태공의 학교인 지구를 완성하고 추수하여 결結 짓기 위해 비로소 하나님이 지상에 내려오고 세상에 드러나게 되는 때가 열린 것입니다.

학교가 아직 졸업 과정을 마련하지 않았을 때와 유사하게 지금까지는 존재의 다양성과 개체의지를 최대한 인정·존중·배려한다는 관점에서 교육의 흐름과 형국이 다소 막연하고 애매하고 모호하게 진행된 측면이 있습니다. 그렇지만 하나님이 직접 지상에 내려오면 완성의 목적과 목표, 방향성이 담긴 사상과 철학을 정확하고 명확하고 확고하게 할 수 있고 그에 따른 방법론을 체계·논리·합리적으로 갖출 수 있게 되므로 교육의 흐름과 형국이 명쾌하고 명료하고 명징해집니다.

학교장이 부임하면 그에 합당한 수준의 선생님이 필요하듯, 하나님이 지상에 내려오면 지구에도 그 정도 수준에 맞춰서 지로하고 인도하고 유도할 수 있는 존재들이 필요한데 하나님을 보좌하기 위해 내려온 완성도계, 후천도계, 선천도계의 신神들이 그러한 소임과 역할을 하게 되는 것입니다.

9 그런데 이렇게 지구라는 학교에 학교장과 선생님들이 부임해 와도 바로 교육자의 지위를 부여받지는 않습니다. 살아온 세계와 존재의 차이가 있기에 학교장과 선생님들은 학생들의 특성·특징·특색을 직접 경험하여 어떤 방법·방식·방편을 적용·실행·구현할 때 교육이 겉돌지 않고 깊이 있게 진행될 수 있는지 사전에 성찰·탐구·연구·분석·평가·정리·정련·정립·정돈합니다. 그래야 선생님들도 서로 공감대를 형성하여 체계·논리·합리적으로 합심하여 학생들의 교육을 이끌 수 있습니다.

그래서 학교장은 학생들의 삶과 생활을 체득·체험·체감하기 위하여 먼저 교육의 장場 속에서 학생들처럼 살아갑니다. 당연히 선생님들도 학교장을 따라서 교육의 장場 속에서 학생들처럼 살아갑니다.

학교장이나 선생님들이 학생들과 다른 점 중에 가장 중요한 하나는 바로 삼욕칠정의 유무有無입니다. 학교장과 선생님들은 원래 삼욕칠정이 없었지만, 학교로 오는 과정에서 첨부添附되었습니다. 따라서 학생들 사이에서 동고동락, 동병상련하여 같이 함께 더불어 하는 가운데 삼욕칠정이 무엇인지 체득·체험·체감하고 교류·공감·소통하여 학생들을 충분히 이해하게 됩니다.

[10] 이러한 과정을 실제 삶의 여정으로 보면, 석문도법을 만나기 전까지의 삶이 바로 학생들 사이에서 살아온 과정이라고 할 수 있습니다. 학생들이 가지고 있는 특성·특징·특색과 삼욕칠정이 어떠한 것인지 체득·체험·체감하여 깨우치고 인식하는 과정을 겪고 난 후, 선생님으로서의 정체성을 회복해야 하는 시기가 되어 단전테이프를 붙이고 수련을 시작하는 것입니다.

[11] 그런데 어느 정도 수련을 하여도 제법 오랜 시간 학생들 속에 있다 보니 자신이 학생인지, 선생님인지 명료하게 구분을 못하는 경우도 적지 않게 생기기도 합니다. 먼저 공부가 진행된 다른 분들이 선생님이라고 자각을 시켜 주어도 오랫동안 고착화된 의식·인식·습관으로 인해 여전히 삼욕칠정에 본本을 두고 학생처럼 살아가는 경우가 생기기도 하는 것입니다.

[12] 하지만 대부분 선생님들은 '내가 여기에 있는 이유를 알아야겠다!'라는 목적의식을 가지고 수련하는 가운데 점차 자성·자각·자

혜·자행하면서 자신의 정체성에 대한 인식력이 높아지고 마침내 도계에 입천하여 원래의 기억을 회복하기 시작합니다.

13 그렇게 도계에 입천하면 비로소 다른 존재들을 정식으로 지로할 수 있는 선생님의 자격이 부여됩니다. 그 자격의 정도를 지구의 보편적인 교육체계에 비유하여 이해해 보면, 삼천도계에 승천하면 유치원생들까지, 오천도계에 승천하면 초등학생들까지, 칠천도계에 승천하면 중학생들까지, 구천도계에 승천하면 고등학생들까지, 완성도계에 승천하면 대학생들까지 가르칠 수 있고, 그리고 도통신인이 되면 평생교육, 즉 도통道通까지 지로할 수 있는 선생님이 되는 것과 유사하다고 할 수 있습니다.

그래서 실제로 현재 석문도문에서는 이러한 교육체계가 적용·실행·구현되고 있습니다. 즉 선천도계에 입천하면 양신 공부를 지로할 수 있게 되고, 후천도계에 입천하면 선천도계 공부를 지로할 수 있게 되며, 완성도계에 오르면 완성도계까지 공부를 지로할 수 있는 자격이 부여됩니다.

14 그리고 근본이 신神인 존재뿐만 아니라 순수인간이나 지구로 와서 학생으로 태어난 행성인도 석문도법에 의한 석문사상, 석문도담,

석문호흡을 통해 도계에 승천하여 공덕을 쌓게 되면 태공의 학교인 지구에서 다른 존재들을 지로할 수 있는 일정한 자격을 부여받게 됩니다.

15 따라서 지구에 태어나 석문도문에 입문하기 전까지는 교직 이수를 받기 전 단계이며, 석문도문에 입문하여 공부하는 것은 교직 이수 단계이고, 도계에 승천하게 되면 교생실습으로 학생들을 가르칠 수 있는 단계이며, 완성도인이 되는 것은 교사가 되는 과정을 모두 밟아 정식 선생님으로서 활동하기 시작한 단계로 볼 수 있습니다. 다만 정식 선생님이 되어도 연수가 남아 있는데 이 연수를 받으면 이제 도통신인으로서 정식 대학교수가 되는 것입니다.

16 만약 자신의 근본 존재성과 존재가치가 원래부터 선생님의 소임과 역할을 하게 되어 있음에도 자신의 정체성을 잊고 학생으로만 만족하고 안주하여 천지인 섭리·율법·법도에 입각하여 그에 합당한 기준원칙성·균형형평성·기회균등성·과정절차성·의식공유성·등가비례성·입체통합성·희망긍정성·변화발전성·인정배려성·체계논리성·조화광명성을 갖추지 못하게 되면 결국 교정력矯正力과 강제력强制力이 발휘되어 조정·중재·조화의 흐름과 형국에 들어갈 수 있습니다.

즉 앞서 태공의 보호 및 회복체계를 통해 살펴본 것처럼 일정 시간 이상 천지인 섭리·율법·법도에 입각하여 그에 합당하지 않은 흐름과 형국이 만들어지면 면역력과 갱생력 같은 태공 내의 체계가 작동하여 본래 섭리가 지향하는 방향성에 따라 흘러갈 수 있게 하는 것입니다.

17 다시 한 번 강조하지만 학교가 바로 서야 사회가 바로 서고, 사회가 바로 서야 국가와 민족, 지구 전체가 바로 섭니다. 즉 태공이 완성을 이루기 위해서는 먼저 태공의 학교인 지구가 완성을 이루어야 합니다.

현재 석문도문에 입문하여 석문도법에 의한 석문사상, 석문도담, 석문호흡 공부를 하는 분들은 학교의 선생님이 될 수 있는 과정과 절차를 밟고 있다고 볼 수 있습니다.

18 특히 앞서 말했지만 근본이 신神인 분들의 경우, 원래 삼욕칠정을 가지고 있지 않은 존재들이었으나 지상에 내려올 때 삼욕칠정이 어떠한 것인지 겪어 보기 위해 첨부되었을 뿐입니다.

다양한 환경과 여건의 삶을 살다가 교직을 이수하여 선생님이 되면 학문의 실질성과 함께 폭넓은 현실적 시야를 가질 수 있듯이, 다양한 교육 환경과 여건인 지상의 삶을 삼욕칠정을 통해 겪어 봄으로써 지상 존재들과 교류·공감·소통의 폭을 넓힌 후에 석문도문을 만나 자신의 정체성을 찾으면 그만큼 뛰어난 석문인이자 선생님으로서의 자질을 갖출 수 있게 되는 것입니다.

[19] 그렇게 자신을 알아 가면서 교직 교육과정을 하나하나 이수하게 되면 왜 자신이 그러한 과정과 절차를 밟게 되었는지, 앞으로 무슨 준비와 대비를 해야 하는지 체득하고 깨우쳐 인식하면서 '내가 이 학교에 선생님이 되려고 이런 과정과 절차를 밟았구나!'라고 깨닫게 됩니다.

그러면서 삼욕칠정이 본래 자신의 것이 아님을 알게 되고 선생님이 되는 과정에서 그것을 인정·존중·배려하면서 내려놓게 됩니다. 그리고 신성을 본本으로 하여 삼욕칠정을 필요할 때 적절하게 용사할 수 있게 됩니다.

[20] 결국 본성本性인 신성을 원래 있던 본本으로 세우는 과정에서 신성에 첨부된 삼욕칠정을 인정하고 극복하고 뛰어넘어 인성을 충만하게 하여 영성을 찾고, 찾게 된 영성을 충만하게 하여 마침내 신

성을 찾음으로써 신神의 세계에 승천하여 신神의 경지에서 존재의 상승·확장·발전을 이루어 자신의 근본자리를 찾고 함께 완성의 경지에 올라 많은 존재를 지로하는 것이 곧 석문인들의 소임과 역할입니다.

[21] 태공을 완성하고 추수하여 결結 짓는 기초는 지구라는 학교에서 이루어집니다. 그래서 태공의 완성은 곧 지구의 완성에서 시작됩니다. 석문인들은 태공 전체의 표본이 되어 수많은 존재들을 지로해야 하는 선생님과 같습니다.

석문인들은 이러한 자신의 정체성을 마음 깊이 새겨서 그에 합당한 마음과 마음가짐으로 일상의 작고 소소한 것에서부터 섭리행을 실천하는 가운데 자신의 근본자리를 찾아 태공의 학교에 선생님으로서 소임과 역할을 다할 수 있기를 바랍니다.

한조님말씀 39

桓紀 27年 3月 11日
(2015. 4. 29)

강의, 강론, 다담 시 석문인이 갖추어야 할 자세

[1] 앞으로 천광사자天光使者 석문리더를 중심으로 한 석문인들은 많은 대중과 교류·공감·소통하면서 석문도법을 널리 전파하게 될 것입니다. 그러한 과정에서 석문도법에 의한 석문사상, 석문도담, 석문호흡에 대한 이해를 높이기 위해 강의, 강론, 다담을 하는 경우가 많이 생기게 됩니다.

그럴 때 석문도법에 의한 석문사상, 석문도담, 석문호흡적인 것을 본本으로 중심에 두어 우리의 정체성과 특성·특징·특색을 정확하고 명확하고 확고하게 사용하는 것이 좋습니다. 즉 석문도법에 의한 석문사상, 석문도담, 석문호흡의 내용을 전달할 때는 일맥·일관·일통하는 관점으로 전달해야 합니다. 그러기 위해서 다음과 같은 부분에 특히 주의를 기울이면 좋습니다.

[2] 첫 번째, 석문도법에 의한 석문사상, 석문도담, 석문호흡의 이해를 돕기 위해 다른 서적을 읽어 보라고 추천하거나 다른 책에 있는 내용을 인용하거나 발췌하여 용사적인 방법·방식·방편으로 일정 부분 활용할 때는, 인용한 서적이나 발췌한 내용의 출처를 정확하고 명확하고 확고하게 밝히고 어떤 이유와 원인, 목적과

목표, 방향성으로 인용하고 발췌했는지를 명시해서 사용하는 것
이 좋습니다.

3 두 번째, 인용이나 발췌를 했을 경우에는 그 내용을 석문도법의 고
유한 것과 혼용해서 사용하는 것은 삼가는 것이 좋습니다.

왜냐하면 그것을 보거나 듣는 분들은 어떤 것이 석문도법적인 것
이고, 또 어떤 것이 인용되고 발췌된 내용인지 정확하고 명확하고
확고하게 판단·선택·결정하지 못하여 임의로 확대 해석하거나
덧칠하거나 왜곡해서 의도치 않게 교란·산란·혼란을 겪게 될 가
능성이 크기 때문입니다. 결과적으로 원래 도움을 주고자 했던 취
지에서 벗어난 흐름과 형국을 만들 수도 있습니다.

특히 석문도문에 입문하지 않아 석문도법에 의한 석문사상, 석문
도담, 석문호흡을 전체적으로 알지 못하는 존재가 그러한 강의를
듣게 되면 '왜 다른 책에 나오는 구절을 짜깁기하듯 차용해서 자
기 말처럼 쓰는 것일까?', '다른 도법의 사상적, 철학적 논지인데,
그렇다면 석문도법은 그 도법의 아류亞流인가?', '다른 공부에서 많
이 보던 것들인데, 석문도문에서 말하는 공부는 다른 공부들을 모
두 혼용한 것인가?'라고 의구심을 가질 수 있는 것입니다. 그래서 석

문도법적인 것과 인용, 발췌한 것을 혼용하여 사용하면 많은 부분 부담스러운 흐름과 형국을 만들 수 있으므로 삼가야 합니다.

그러므로 석문도법에 의한 석문사상, 석문도담, 석문호흡을 이야기하면서 일정 부분에 대한 이해를 돕기 위해 무엇인가를 인용하거나 발췌하게 될 경우, "석문도법의 이 부분을 이해하기 위하여 다른 책이나 사이트의 한 구절을 석문도법적인 가치관과 관점에서 해석하여 설명해 보면 이렇게 됩니다."라고 정확하고 명확하고 확고하게 밝혀야 합니다.

즉 석문도법적인 내용의 이해를 돕기 위해 한 부분으로 사용했다는 사실을 밝혀서 전체적으로 언급하고자 하는 내용의 정체성과 목적, 목표, 방향성을 정확하고 명확하고 확고하게 하여 석문도법의 특성·특징·특색을 드러낼 필요가 있습니다.

4 세 번째, 석문도법에 의한 석문사상, 석문도담, 석문호흡의 내용을 표현할 때, 그 핵심·중점이 되는 용어들을 다른 단체의 용어들로 인용, 발췌하여 대체하거나 문맥상 그렇게 느껴지도록 사용하는 것은 삼가야 합니다.

그렇게 사용하게 되면 석문도문에 입문한 지 얼마 안 된 분들이나 대중들의 경우 다른 단체의 핵심·중점 용어임에도 불구하고 우리 석문도문의 정체성을 표현하는 핵심·중점 용어로 오해할 수도 있습니다. 다른 단체에서 사용하는 용어라는 것을 아는 분들의 경우 누가 먼저 쓴 것인지를 가려서 석문도문이 차용한 것으로 오해할 수도 있습니다.

더 나아가 다른 단체에서 사용하는 표현을 반복해서 사용하면 석문인들 중에는 그것을 우리 정체성을 드러내는 표현처럼 착각하여 대중들에게 여과 없이 드러낼 수도 있습니다. 그렇게 되면 적지 않은 교란·산란·혼란으로 많은 문제가 일어날 수 있습니다. 지금도 적지 않은 문제가 생길 수 있고 대중화·인류화·세계화의 기반이 마련되어 세상에 동시다발적으로 석문도법을 전할 때는 더 큰 교란·산란·혼란이 일어날 수도 있습니다. 그래서 지금부터 정확하고 명확하고 확고하게 석문도문의 핵심·중점 용어들을 사용할 필요가 있습니다.

5 네 번째, 석문도인들은 물론 석문인들이 가지고 있는 빛과 힘, 가치는 자신이 생각하는 것보다 훨씬 크고 깊어 태산과 같은 무게를 가지고 있습니다. 그래서 마음과 마음가짐 그리고 눈빛·표정·

자세·단어·용어·문장·말·말투·행동을 신중하고 진중하되 밝고 즐겁고 여유있고 넉넉하게 용사할 필요가 있습니다.

아직 우리의 빛과 힘, 가치에 대한 스스로의 인지·인식·인정이 다소 부족하기에 우리가 남기는 흔적을 가볍게 생각할 수도 있겠지만 이미 석문도인들이 이야기할 때 큰 의미를 두고 받아 적는 지로사들과 도반들이 제법 있습니다. 그것만으로도 현재 미치는 파급효과가 결코 가볍지 않고 그러한 흔적이 남아 후세에도 크고 작은 영향을 미칠 수 있기에 근시안적으로 생각하지 말고 먼 후세까지 염두에 두고 평소에 공적公的인 자리와 사적私的인 자리에 있어 조금 더 신중하고 진중하게 단어와 용어를 용사할 수 있는 의식·인식·습관을 갖출 필요가 있습니다.

6 여섯 번째, 공부하는 이들에게 반드시 필요하다고 생각되어 이야기를 할 때는 자신의 체득·체험·체감인지, 다른 지로사의 체득·체험·체감인지, 한당 선생님께서 남긴 말씀인지, 양신공부방, 도계공부방 등의 '한조님 말씀'에서 나온 내용인지 정확하고 명확하고 확고하게 표현해야 합니다.

그렇지 않으면 받아들이는 사람이 어느 정도의 비중과 무게감으로 받아들여야 할지 모르거나 잘못 이해하는 가운데 교란·혼란·산란이 생길 수 있습니다.

또한, 하나의 섭리의 진리적 사실에서 나온 내용이라 하더라도 각각의 공부 단계에서 가지는 무게감과 표현의 방법·방식·방편이 상이相異하기에 받아들이는 입장에서 봤을 때 상충하듯이 인식되면 적지 않은 교란·산란·혼란을 겪을 수 있습니다. 따라서 석문도문의 좋은 말씀이라 해도 가급적 출처를 밝히고 도담을 나누면 그러한 상이함의 이유가 본질적인 것이 아니라 용사적인 부분에 있다는 것을 미리 알 수 있기에 교란·산란·혼란의 개연성을 최소화시킬 수 있게 됩니다.

7 그래서 이러한 가치관과 관점에서 석문도법의 석문사상, 석문도담, 석문호흡에 관한 내용을 언급하거나 기술할 때 사용하는 단어·용어·문장·말·말투는 시작, 과정, 결과가 일맥·일관·일통하여 하나로 이어질 수 있도록 하는 것이 효율적이고 합당할 것 같습니다.

8 덧붙여 한 가지 더 언급하면 조화천계造化天界 사이트에서 양신 공부와 도계 공부를 하는 분들이 수련일지에 특정한 누군가를 언급

할 때는 익명匿名이 아닌 실명實名으로 올리는 것이 공부에 도움이 됩니다.

조화천계 사이트는 단순히 교류·공감·소통하는 공간을 넘어 하늘공부를 하는 공간입니다. 익명으로 올려서 상대방의 입장을 배려한다는 마음과 마음가짐도 의미가 있지만, 조화천계 사이트의 정체성에 비추어 볼 때 그것은 부차적인 것입니다. 공부에 있어 그와 같이 자신의 마음을 온전하게 드러내지 못하고 부담을 가지게 되면 하늘에서는 하늘공부를 하는 수도자의 믿음이 막연하고 애매하고 모호하다고 판단하게 됩니다.

즉 얼마만큼 순수하고 순일한 마음과 마음가짐으로 자신에 대한 믿음을 가지고 하늘 앞에서 당당한가에 대한 하나의 증표로 보는 것입니다. 작고 소소해 보이겠지만 하늘은 이러한 표현 하나를 두고 하늘공부를 하는 전체 석문인들의 마음과 마음가짐을 살펴보는 평균적인 척도로 삼기도 합니다. 작고 소소해 보이지만 그만큼 비중이 있는 공부의 표현으로 보는 것입니다.

또한 수련의 경지가 높을수록 하늘은 그러한 석문인의 표현을 공부에 대한 판단에 비중 있게 반영합니다. 수련의 경지가 높아질수록 작고 소소한 부분이 곧 그 존재의 의식·인식·습관을 대표하는 것으로 보기 때문입니다.

9 특히 완성도인들이 수련일지를 올릴 때 조금 더 주의를 기울이면 좋은 부분이 있습니다. 존재성과 존재가치에 따라 그 판단의 정도가 조금씩 다르지만, 수련일지를 올릴 때 문장 구조와 문맥이 짜임새가 없고 안정적이지 못하여 산만할 경우 하늘은 그 또한 공부에 대한 판단의 척도로 봅니다.

10 즉 그러한 문장이 지속되면 배우고 익히고자 하는 기본적인 마음과 마음가짐에 보충·보완·보강이 필요하다고 판단합니다. 또한 의식·인식·습관의 정도가 그러하니 자신을 바라보는 관점에 보충·보완·보강이 필요하다고 판단하는 것입니다. 자신의 글을 통해 스스로 현 상태를 판단할 수 있어야 하는데 그렇지 못한 것으로 보고 이것으로 공부의 정도를 평가하는 것입니다.

작고 소소해 보이지만 큰 신神들은 이런 것을 다음 공부를 여는 척도로 삼아서 공부 진행의 가부를 결정하는 의견을 상신하기도 합니다.

¹¹ 하늘의 신神들은 완성도계에 승천한 도인들을 말 그대로 완성도인으로서의 근본 존재성과 존재가치의 관점에서 보고 그 이상도 그 이하로도 보지 않습니다. 또한 주위의 분들도 완성도인이라는 가치관과 관점에서 봅니다.

눈빛·표정·자세·단어·용어·문장·말·말투·행동과 같은 작고 소소한 그 어느 하나로도 주변에 크고 작은 영향을 주게 되며, 만약 그러한 부분에 다소 문제가 있어 다른 존재들이 봤을 때 '천지인 섭리·율법·법도가 저런 것인가?', '완성도계에 승천한 도인들이 저렇게 해도 되는가?'라는 의문을 가지게 될 경우 완성도인 자신이 섭리를 막연하고 애매하고 모호한 것으로 인식하게 만든 것이기 때문에 하늘의 신神들은 해당 존재의 공부 수준이 그 정도라고 판단하게 됩니다.

¹² 다시 한 번 강조하지만 석문도법에 의한 석문사상, 석문도담, 석문호흡을 체득·체험·체감하여 순수하고 순일한 마음과 마음가짐, 즉 순수하고 순일한 신성과 신성체계, 의식과 의식체계, 정기신과 정기신체계로 지행합일·언행일치·표리일치·내외일치하여 눈빛·표정·자세·단어·용어·문장·말·말투·행동과 같은 작고 소소한 것에서부터 자연스럽게 섭리행을 실천하는 것이 중요합니

다. 그러한 가운데 진법체득한 도심을 갖추어 해당 공부의 격格에 맞는 의식·인식·습관을 일상생활에서 나투고 밝히고 나눌 수 있을 때 공부의 진전이 있게 됩니다.

공부한 만큼 일상생활 속에서 나투고 밝히고 나눌 수 있어야 섭리적 근거가 형성되고, 그렇게 나투고 밝히고 나누는 가운데, 즉 자기 자신을 알고 진법체득한 만큼 섭리행을 실천할 때 신神들이 가진 마음의 빛이 모여 마침내 다음 공부가 열리게 되는 것입니다.

[13] 석문인들은 이러한 점을 잊지 말고 일념정진, 용맹정진하면서 강의, 강론, 다담 그리고 수련일지에 자신이 공부한 만큼 의식·인식·습관의 빛과 힘, 가치를 나투고 밝히고 나누어 공부에 큰 진전이 있기를 기원합니다.

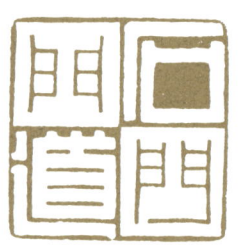

같이 함께 더불어

석문도문

한조님말씀 40

桓紀 27年 4月 17日
(2015. 6. 3)

믿음의 기본체계에 따른 공부의 이치와 원리

1 석문인이 스스로 증거·증명·검증한 섭리의 진리적 사실을 반드시 언급해야 할 자리에서 정확하고 명확하고 확고하게 말해야 한다면, 설사 만인이 당장 이해하지 못한다 해도 자기확신과 자기믿음을 바탕으로 자부심과 자긍심을 가지고 떳떳하고 당당하게 말할 수 있으면 좋습니다.

2 지난 시절 성현들은 수많은 고뇌, 번민, 갈등과 생명의 위협을 받는 고난과 역경 속에서도 섭리의 진리적 사실을 말해야 하는 상황이 오면 떳떳하고 당당하게 직시하고 대면하였습니다. 두려운 것은 두렵다는 사실 그대로 인정하되 호연지기浩然之氣를 일으켜 지금까지 자신이 체득·체험·체감한 섭리의 진리적 사실을 소신 있게 말하며 도道의 길을 걸었던 것입니다.

3 성현들이 그렇게 할 수 있었던 것은 지상에서 섭리에 순종·순응·순리하는 삶으로 인해 겪게 되는 고뇌, 번민, 갈등, 역경은 단지 한 순간이지만, 섭리를 부인하는 삶을 살게 되면 그것은 자신의 존재성과 존재가치를 영원히 부정하는 것과 같다는 사실을 잘 알았기 때문입니다.

⁴ 다만 도道를 펼친다는 것은 섭리의 진리적 사실을 있는 그대로 전한 다는 목적과 목표, 방향성을 분명히 가지고 있지만, 그렇게 하기 위해서는 대중들이 섭리에 귀를 기울이고 받아들일 수 있도록 수많은 용사의 과정과 절차를 거쳐서 그러한 결과에 이르도록 하는 물과 같은 유연성이 필요하다는 점도 마음 깊이 새겨 두면 좋습니다.

그것이 곧 전도傳道의 용사력이며, 그러한 용사력을 갖추기 위해 적지 않은 석문인들이 본래 선생님의 자격이 있음에도 학생과 유사한 흐름과 형국의 삶을 직접 경험해 본 것입니다.

⁵ 그래서 학생의 삶에서 겪은 모든 것을 자양분으로 삼아 자기믿음과 의지, 정성과 노력으로 주어진 환경과 여건을 인정하고 극복하고 뛰어넘어 도道를 이루어 가는 가운데 스스로 체득하고 깨우쳐 인식한 만큼 도道를 전파하는 선생님으로서 천지인 섭리·율법·법도에 입각하여 그에 합당한 소임과 역할에 최선을 다할 때, 자신의 존재성과 존재가치에 한 걸음 한 걸음 다가서게 되는 것입니다.

⁶ 물론 그렇게 도道를 전파하는 가운데 많은 정성과 노력을 들이고 물처럼 유연하게 일이 되게 해도 때로는 많은 이들에게 외면받는

상황에 놓일 수도 있습니다. 그럴 때일수록 더하지도 덜하지도 않게 자신이 체득하고 깨우쳐 인식한 만큼 나투고 밝히고 나누면 됩니다. 그것이 곧 '있는 그대로 말하고 행동하고 살아가는 것'입니다.

그렇게 해도 처음에는 많은 이들에게 외면받는 경우가 생길 수도 있겠지만, 최소한 자기 자신에게는 떳떳하고 당당하여 도인으로서의 삶에 부끄러움이 없기에 앞으로 살아가는 자신의 길에 자기확신과 자기믿음이 깃들어 그만큼 하늘의 마음이 자신의 마음에 살아 숨 쉬게 됩니다.

7 그래서 도道를 펼침에 있어 여러 불합리한 환경과 여건 속에서 고뇌, 번민, 갈등, 역경을 겪을 수도 있겠지만 어떠한 상황에서도 자신에 대한 확신과 믿음을 바탕으로 자신이 체득하고 깨우쳐 인식한 만큼 나투고 밝히고 나눌 수 있게 된다면 주변 존재들을 전율하게 하고, 하늘의 신神들을 감동하게 하여 마침내 하나님의 마음도 얻을 수 있게 됩니다.

8 결국 섭리는 그 자체로 온전하고 완전하게 우리 앞에 존재합니다. 그러한 가치관과 관점에서 보면 불안과 두려움은 자기 자신이 스

스로 지은 것이라 할 수 있습니다. 단전테이프를 붙이고, 석문에 이르는 숨을 배우고 익히는 그 순간부터 석문도법에 의한 석문사상, 석문도담, 석문호흡의 이치와 원리 안에 자신의 모든 것이 귀속되기에 지상적 가치관과 관점에서 좋은 것도 나쁜 것도 모두 공부의 한 요소가 됩니다. 섭리를 지향해 가는 그 길 안에 서는 순간, 모든 것은 자신의 완성을 위한 자양분이 되는 것입니다.

9 그래서 석문도문에 입문하여 석문인으로서 스스로가 하늘사람임을 인지·인식·인정하면서 어떠한 환경과 여건 속에서도 '어떤 원인과 이유로, 어떤 목적과 목표, 방향성을 가지고 이 자리에 있는가?', '어떤 정체성을 가지고 무엇을 바라고 지향하며 정확하고 명확하고 확고하게 이 길을 걸어가고 있는가?'라는 자문自問에 대해 끊임없이 자답自答하고, 매 순간 섭리를 지향해 가기 위한 실천을 해 나가고 있음을 믿는 것이 자기믿음의 첫걸음이 됩니다.

10 그렇게 일어난 자기믿음은 의지를 만들고 의지는 정성과 노력을 낳는데, 이러한 자기믿음은 자기 자신에 대한 자신감에서 시작됩니다. 자신감의 본래 뜻을 언어에 담긴 의미로 더 깊게 설명하면 '자신'이라는 표현 안에 다음과 같은 세 가지 뜻이 있다고 볼 수 있습니다.

[11] 첫 번째는 자신自神, 두 번째는 자신自身, 세 번째는 자신自信입니다. 이것을 통합하면 자신감이란 '자신의 신령神靈스러움이 육신에 깃들어 있음을 믿는 마음'이라는 뜻이 됩니다.

수도를 하는 과정에서 자신에게 신령스러움이 깃들어 있음을 믿는 순간, 즉 자신감을 가지게 되는 그때부터 하늘의 빛과 힘, 가치와 같이 함께 더불어 할 수 있게 됩니다. 다시 말하면 그 마음이 크건 작건, 신령스러움이 깃들어 있다고 믿어야 그때부터 하늘의 빛과 힘, 가치가 스스로에게 의미 있게 적용·실행·구현되기 시작한다는 뜻입니다. 그래서 자신감이 중요합니다. 이것은 곧 하나님이 신神을 창조한 섭리와 연결된 이치와 원리이기도 합니다.

[12] 이렇게 자기믿음을 만드는 자신감, 즉 '자신의 신령스러움이 육신에 깃들어 있음을 믿는 마음'은 '자기확신'에서 시작됩니다. 먼저 자신에게 신령스러움이 깃들어 있음을 믿고 일상 속에서 반복해서 체득·체험·체감하는 가운데 그것을 조금씩 더 확신하게 되면 그때부터 자신감이 더 크게 생기기 시작하는 것입니다. 결국 반복된 체득·체험·체감을 통한 자기확신은 자신감을 만들고 자신감은 자기믿음을 만들며 자기믿음은 의지를 만들고 의지는 정성과 노력을 낳게 됩니다.

¹³ 신神들의 경우 인간과 기본 토대가 다소 다르기에 동일한 관점에서 비교할 수 없지만, 하늘의 신神들도 처음부터 온전하고 완전한 자기믿음을 가진 것은 아니었습니다. 신神들 역시 하나님의 세계에서 이루 말할 수 없이 길고 긴 시간 동안 체득·체험·체감을 하였기에 그토록 정확하고 명확하고 확고하게 자기믿음을 가지게 된 것입니다.

¹⁴ 결국 체득·체험·체감에 따른 자기확신이 있게 되면 그에 따른 자신감이 생기고 자신감은 곧 자기믿음을 일으키며 이 믿음은 의지를 세워 자기 자신으로 하여금 정성과 노력을 들여 실천할 수 있게 합니다. 그리고 정성과 노력을 들여 실천한 만큼 다시 더 상승·확장·발전된 차원의 체득·체험·체감이 생기고 그에 따른 자기확신이 있게 되어 이것이 끊임없이 반복되는 가운데 공부가 일신우일신하고 일취월장하게 되는 것입니다.

¹⁵ 즉 자기확신에서 자신감, 자기믿음 그리고 자기믿음에 따른 의지와 정성과 노력이 다시 더 높은 자기확신을 가지게 하는 과정으로 계속해서 반복될 때, 다음에도 기존에 해 왔던 것처럼 충분히 되겠다는 선제적 믿음이 생깁니다. 그런 결과 자신의 신령스러움이 육신에 깃들어 있음을 더 깊이 확신하게 되고, 그만큼 더 큰 자신감

을 가지게 되므로 더 강한 의지가 일어나 꾸준하고 지속적인 정성과 노력을 기울이게 되는 것입니다.

16 그리고 자신의 신령스러움이 육신에 깃들어 있다는 확신에서 시작된 자기믿음은 결국 자신의 존재감, 즉 자존감을 바탕에 두고 있다고 할 수 있습니다. 자존은 두 가지 뜻으로 표현되는데 하나는 '자존自存'이며 다른 하나는 '자존自尊'입니다.

이것을 하나로 보면 '자신의 존재存在 그 자체로 존귀尊貴하다'는 뜻이 됩니다. 창조된 모든 존재는 하나님이 부여한 신령스러움을 품은 태공의 유일무이唯一無二한 존재이기에 그만큼 귀할 수밖에 없음을 스스로 인지·인식·인정하는 것이 곧 자존이며 그래서 자존감을 바탕으로 자기믿음이 나온다고 할 수 있습니다.

17 자기믿음이 어느 정도 되는지는 사천도계 공부과정과 일맥·일관·일통하는 부분이 있습니다. 사천도계 공부를 하다 보면 나와 타인, 만물에 신성이 깃들어 있고 그것이 신神의 본성本性이라는 사실을 체득하고 깨우쳐 인식하는 만큼 나 자신을 포함해 타인과 만물을 함부로 대하지 않게 됩니다. 즉 신神이 깃들어 있다고 믿게 되면 가볍게 대하지 않게 되는 것입니다.

¹⁸ 이와 마찬가지로 자기 스스로 자신에 대한 자신감 자신의 신령스러움이 육신에 깃들어 있음을 믿는 마음을 높게 가질수록 자존감 자신의 존재 그 자체로 존귀함을 믿는 마음이 높아지고 그에 따라 자기믿음도 깊어집니다. 즉 '왜 자신의 존재 그 자체로 존귀한 것인가?'라는 '자존'의 이유를 체득하고 깨우쳐 인식한 만큼 자기믿음은 깊어지는 것입니다.

그래서 모든 존재는 하나님이 창조한 유일무이한 존재로서 자기 자신에게 신령스러움이 깃들었다는 섭리의 진리적 사실을 체득·체험·체감한 확신에서 생긴 자신감의 정도만큼, 자신의 존재 그 자체로 존귀하다는 자존감을 가질 수 있고, 그 정도에 합당한 자기믿음을 가질 수 있습니다. 이처럼 자기믿음은 자신감에 따른 자존감을 바탕으로 하기에 자존감의 정도에 따라서 얼마만큼 정확하고 명확하고 확고하게 자기믿음을 가질 수 있을지 결정될 수 있습니다.

¹⁹ 물론 이러한 자기믿음도 처음에는 이론적으로 개념을 세우는 가설과 같은 수준에서 형성됩니다. 하지만 꾸준하고 지속적으로 시도하고 시도하다 보면 점차 체득·체험·체감이 쌓이면서 '나 자신이 정말 존귀하구나!'라는 믿음이 생기는데 이때의 믿음은 처음의 이론적 믿음과 달리 실질성을 가진 믿음입니다. 정성과 노력이 담

긴 실천을 통해 가설적 믿음에서 체득적 믿음으로 상승·확장·발전하게 된 것입니다.

[20] 석문도법에 의한 석문사상, 석문도담, 석문호흡을 수련하는 석문인들은 수없이 다양한 지상의 환경과 여건 속에서 자기 숨을 통해 자신의 존귀함을 있는 그대로 체득·체험·체감하여 알게 되고 그것이 반복되는 과정을 통하여 자기확신이 깊어지면서 나 자신이 하나님의 일부인 빛으로 창조되어 이렇게 존재하게 되었음을 확신하게 되는 자신감이 일어나 자기 자신에 대한 자존감이 생기고 결국 그만큼 자기믿음을 가지게 됩니다.

[21] 앞서 말한 것처럼 이렇게 자기믿음이 생기게 되면 의지가 일어나게 되는데, 이렇게 자기믿음을 가지고 의지를 일으키는 과정에서 주체성·주도성·자율성이 생기게 됩니다.

즉 자기믿음이라는 것은 자존감을 바탕으로 하여 일어나게 되어 있으므로 자신의 존재 그 자체로 존귀하다는 믿음에서 자연스럽게 주체성이 생길 수밖에 없고, 주체성을 갖게 되면 의지가 일어나게 됩니다. 의지가 일어나게 되면 정성과 노력을 들여 스스로 무엇인가 하려고 하는데, 무엇인가 하려고 하는 그 마음에서 용기가 일어나고 이런 과정이 곧 자기로 하여금 주도성을 발휘하게 합니다.

다시 말해 주체성을 가지게 되면 자신이 주인主人으로서 '직접' 무엇인가 하게 되고, 그렇게 되면 움츠리지 않고 활성화되어 '적극적'으로 움직이며, 그에 따라 일이 되도록 '능동적'으로 활동하게 되어 주도성을 형성하게 되는 것입니다. 그러한 가운데 스스로가 할 수 있는 것, 할 수 없는 것, 해도 되는 것, 해서는 안 되는 것을 체득하고 깨우치고 인식하게 되면서 점점 더 큰 자율성을 부여받게 됩니다.

이와 같은 과정과 절차를 통해 자율성을 부여받게 되면 그 자율성은 모든 천지간의 존재들과 같이 함께 더불어 할 수 있도록 서로 간에 지켜야 할 법도를 갖추게 하여 스스로가 자신을 인정·존중·배려하고 상대를 인정·존중·배려하는 가운데 우리를 인정·존중·배려하고 천지만물이 존재하는 공간을 인정·존중·배려하게 됩니다. 그러할 때 더 높은 자신에 대한 믿음이 일어나고 그것이 바탕이 되어 믿음이 더 큰 믿음이 되고 믿음다워지게 됩니다.

[22] 이런 이치와 원리로 믿음이라는 것은 결국 자신에게 신령스러움이 깃들어 있음에 대한 반복적인 자기확신에서 자신감이 일어나

고, 그 자신감이 자존감을 만들어 갈 때 시작된다고 할 수 있습니다. 즉 자기확신을 통한 자신감과 자존감이 꾸준하고 지속적으로 상승·확장·발전하는 과정에서 이전에 그렇게 된 것처럼 이후에도 그렇게 될 것이라는 선제적 믿음이 생기고, 이것이 과정적 믿음과 결과적 믿음을 만들어 더 큰 자기믿음으로 나아가게 합니다.

그런데 이렇게 반복하여 자기믿음을 쌓아 가는 과정에는 선제적 믿음보다 더 앞선, 최초로 존재하는 믿음이 있습니다. 이 믿음에서 선제적 믿음과 과정적 믿음, 결과적 믿음이 일어날 수 있는 것입니다. 그것은 바로 최초로 하나님이 부여한 믿음인 '본질적 믿음' 혹은 '자존적 믿음'입니다.

23 본질적 믿음이란 하나님이 최초로 그 존재를 창조할 때 그 존재의 존재성과 존재가치에 합당하게 불어넣은 빛과 힘, 가치와 그 체계에 의해서 일어나는 자기믿음을 말합니다. 이러한 본질적 믿음이 가장 먼저 토대가 되어 선제적 믿음을 이끌어 내고 선제적 믿음이 과정적 믿음을 만들며, 과정적 믿음이 꾸준하고 지속적으로 쌓이면서 결과적 믿음을 만들어 냅니다.

이것이 계속 반복되면서 자기확신에 의한 자신감과 자존감이 상승·확장·발전하여 가설적 믿음이 체득적 믿음이 되고 더 큰 의지에 의한 정성과 노력을 불러오게 됩니다.

24 한 존재가 자신의 근본자리로 돌아가기 위해서는 이러한 선제적 믿음이 지상의 보편적 수준을 뛰어넘을 만큼의 생명력을 가져야 합니다. 그래야 과정적 믿음과 결과적 믿음도 지상의 보편적 수준을 뛰어넘을 수 있게 되어 하늘에 있는 자신의 근본자리를 찾을 수 있게 합니다. 지상의 보통 사람이 유지·관리·발전하는 생명력으로는 일정 이상의 선제적 믿음을 통한 과정적 믿음과 결과적 믿음을 이끌어 낼 수가 없기에 자신의 근본자리를 찾아갈 수 있을 수준의 자기믿음을 형성하기가 어렵습니다.

본래 생명력은 지상에 올 때 자기 천수天壽에 맞게 70%창조주 하나님40%+신神30%를 부여받고 살아가면서 30%개체의지에 의하여 부여되는 생명의 빛를 부여받게 되는데, 만약 어느 특정 시기에 태어날 때 하늘에서 부여받은 기본적 생명력과 그 시기에 하늘에서 부여하는 기본적 생명력 이상으로 생명력을 끌어내게 되면 그것은 곧 자신이 천수로 받은 것 이상의 생명력, 즉 잠력潛力을 끌어내게 되어 이후에 쓸 생명력을 미리 사용하게 되는 문제가 생기게 됩니다. 그래서 보통 사람들은 그런 식으로 생명력을 쓸 수 없습니다.

²⁵하지만 석문도법에 의한 석문사상, 석문도담, 석문호흡을 공부하게 되면 그런 생명력을 자연스럽게 쓸 수 있습니다. 즉 석문인들은 석문도법을 통해 인간이 유지·관리·발전하는 생명력 이상의 생명력을 끌어내어 자기 내력으로 쓰는 것이 보편화되어 있습니다. 석문도법이 그러한 내력을 부여합니다. 하늘은 석문도법에 의한 석문사상, 석문도담, 석문호흡을 공부하는 석문인들이 하늘에 승천하기 위해 보편적 생명력 이상의 힘을 쓰는 것은 천지인 섭리·율법·법도에 입각하여 그에 합당하다고 보고 그만큼 생명력을 부여하여 다시 채우도록 하기 때문입니다.

²⁶석문도법에 의한 석문사상, 석문도담, 석문호흡을 공부하는 가치관과 관점에서 믿음의 기본체계를 보면 다음과 같이 요약할 수 있습니다.

먼저 하나님이 존재를 창조할 때 그 존재의 존재성과 존재가치에 따라 부여한 빛과 힘, 가치와 그 체계에 의해 형성된 본질적 믿음, 즉 자존적 믿음이 있는데, 그 믿음을 토대로 자기 자신에게 깃든 신령스러운 빛과 힘, 가치에 대해 확신하여 자신감과 자존감을 가지는 가운데 선제적 믿음을 일으키면 그것이 과정적 믿음을 쌓게 하고, 그러한 과정적 믿음이 쌓이게 되면 결국 결과적 믿음이 생기게 됩니다.

그렇게 자기믿음을 쌓는 과정이 계속 반복되어 상승·확장·발전하는 가운데 자신의 주체·주도·자율성이 형성되어 더 큰 의지가 생기고 그러한 의지는 정성과 노력을 일으키면서 모든 존재와 같이 함께 더불어 하는 가운데 더 큰 믿음으로 나아가게 됩니다.

[27] 석문도법과 석문도법체계에 따른 석문호흡수련은 이와 같이 창조섭리를 바탕으로 하여 체계적이고 논리적이며 합리적인 과정과 절차를 통해 자신의 근본존재를 찾을 수 있게 합니다.

석문인들은 이러한 창조섭리를 바탕으로 한 석문공부 石門工夫의 이치와 원리를 마음 깊이 새겨 일상의 작고 소소한 것에서부터 본립이도생의 마음과 마음가짐으로 꾸준하고 지속적으로 체득하고 깨우치고 인식하여 공부의 생명력을 높이다 보면 자연스럽게 좋은 결과를 얻게 될 것입니다.

석문도문石門道門은 인간이 신神이 되는 완성도법인 석문도법石門道法을 근본으로 하늘[天]과 땅[地], 사람[人]이 조화와 완성을 이루고 거듭날 수 있도록 도성구우道成救宇·광명천로光明天路·조화광명造化光明하는 도법단체다. 인간으로 하여금 자신의 근본 존재성을 찾고 존재적 중심을 세워서 존재가치를 다함과 동시에 자신을 인정·존중·배려하듯 상대를 인정·존중·배려하여 깊은 교류·공감·소통을 이룸으로써, 천지인天地人이 같이 함께 더불어 하나 되어 궁극의 조화로움과 아름다움을 나툴 수 있게 하는 것이 석문도문의 궁극적 목적과 목표, 방향성이자 정체성이다.

석문도담
한조도담 2

초판 1쇄 발행 2016년 10월 13일

지은이 한조 | **엮은이** 석문도문
펴낸이 이승우 | **조판** 성인기획 | **인쇄** 영신사

펴낸곳   석문출판사
            경기도 수원시 장안구 만석로 241 석문빌딩 3층
            전화 031-246-1360 | 팩스 031-253-1894
            등록번호 2005년 12월 20일(제25-1-34호)

Copyright ⓒ 한조, 2016

ISBN 978-89-87779-24-9(04100)
     978-89-87779-22-5 (세트)

이 책은 저작권법에 따라 보호받는 저작물이므로 무단전재와 복제를 금하며, 이 책 내용의 전부 또는 일부를 이용하려면 반드시 저작권자의 서면 동의를 받아야 합니다.

● 책값은 뒤표지에 있습니다.